OHSAMA BUNKO

夜、眠る前に読むと
心が「ほっ」とする50の物語

西沢泰生

三笠書房

今日も一日、
お疲れ様でした。

この本には、一日を終えたら
読んでみてほしい、

「じーんと、心が温まる話」
「思わず笑顔になれる話」
「優しい気持ちになれる話」

そんな物語を
たくさん集めました。

まぶたを閉じる時、
「幸せな気持ち」になる
お手伝いをします。

今夜、ぐっすり、
よい眠りにつけますように。

はじめに……明日を元気に迎えるための、50の「ちょっとイイ話」

こんばんは。
今日も一日、本当にお疲れ様でした。

今日は、どんな一日でしたか？
お仕事は大変だったでしょうか？
何か嬉しいことはありましたか？
落ち込んだりはしていませんか？
今日がどんな一日でも、明日はまた新しい一日。
頑張った自分を、まずはほめてあげてください。

この本は、**いつも忙しく毎日を過ごしている大人のための、「読む子守歌」**です。
どんなに疲れている時でも、心がザラザラしている時でも、

優しい気持ちになって眠りについていただけるように、

「すぐに読めて、じんわり心が温まるお話」を集めました。


夜眠る前に、体を楽にして、心をリラックスさせて、
この本のページをパッと開いて、一日一話、読んでみてください。

笑ったり、感動したりして読むうちに、あなたの心の中に、

「明日をよりよいものに変える、心地よい小さな気付き」

が芽生えるはずです。


この本が、あなたの「幸せへのお手伝い」になることを願っています。

西沢泰生

もくじ

ぐっすり眠れる章

「じーん」と、読むだけで心が温まる話

いい夢が見られる章

ほっこりと、「優しい気持ち」になれる話

眠っちゃうのが惜しくなる章

なんだか、心に元気が湧いてくる話

目覚めがよくなる章

思わず「うふふ」と笑顔になれる話

明日、誰かに話したくなる章

しみじみ、「人とのつながり」を感じる話

イラストレーション◎須山奈津希

ぐっすり眠れる章

「じーん」と、読むだけで心が温まる話

第1夜

花屋をやめようと思った時に

これは、ある花屋の女性のお話です。
その女性は、名前を片山結花《ゆか》さんといいます。
彼女が花を好きになったのは、自分の名前に「花」という字が入っているから……
ではありません。
実は彼女は子どもの頃、体が弱くて入退院を繰り返す日々を送っていました。
そんな彼女をなぐさめてくれたのが、病室に飾られた花だったのです。
「花は、人をなぐさめて勇気をくれる。
私は大人になったら花屋さんになって、たくさんの人たちを勇気づけたい」
病室で自分の心を癒してくれる花を見て、彼女はそう決心しました。

やがて。

成人した結花さんは、フラワーデザイナーとなり、２００７年に東京で起業します。

仕事は、企業のイベントやウェディングでの会場装花。

しかし、会社を維持するのは簡単ではありませんでした。

スタッフを抱え、日々の仕事に忙殺される結花さん……。


そんな時、あの東日本大震災が発生したのです。


彼女の会社の生命線である、企業のイベントやお祝い行事は、軒並み「自粛」によって中止になりました。

入っていた仕事は、すべてキャンセル。

その後も、まったく注文が無い日々が続きます。

途方にくれた彼女。とうとう、会社をたたむ決心をします。

花屋をやめる決心をした彼女は「どうせもう売れない花なら……」と、１０００本のヒマワリを持って東北へ向かいました。

被災した人たちへ、ひとりに1本ずつ、ヒマワリを渡して少しでも元気になってもらおうと思い立ったのです。

被災地でヒマワリを配ろうとすると、あっという間に行列ができたそうです。

そのひとりひとりに、ヒマワリを渡す結花さん。

彼女からヒマワリを受け取った人たちからは、こんな声が……。

「ありがとう、生の花を久しぶりに見た気がするよ」

「ありがとう、花を眺めて暮らすと元気が出るわ」

「ありがとう」

「ありがとう」

「ありがとう」

被災者の人たちの感謝の言葉を聞いて、結花さんは思い出しました。

私も子どもの頃、病室で花によって生きる希望を持つことができたんだっけ……。

「そうだ。花を通して、ひとりでも多くの人に幸せになってもらいたい！　そう思って花屋になったのに、忙しくて、いつの間にかそれを忘れていた！」

東京に戻った彼女は初心に戻り、「花で人に幸せを届ける」をコンセプトに新たな事業をスタートさせました。

彼女は現在、「人と人を結ぶお花屋さん　パティスリーフラワー」の代表として多忙な日々を送っています。

一時、花屋をあきらめかけた彼女を救ったのは、**「花を受け取る人たち」の笑顔**だったのです。

第2夜

お父さんの「勇気あるノー」

これは、シンシアという女性の12歳の時の思い出です。

その時の彼女は、数カ月前からずっと、サンフランシスコで講演をする父親とのデートを楽しみにしていました。

計画はこうです。

1 お父さんの講演を1時間だけ聴いて、午後4時半に控室で落ち合う
2 一緒に会場を出てケーブルカーでチャイナタウンへ向かう
3 中華料理を食べて、おみやげを買って、映画を観る
4 ホテルにもどってプールでひと泳ぎ
5 ルームサービスを頼んで、深夜のテレビを楽しむ

大好きなお父さんと一緒に考えたこの計画。もう考えただけでワクワクでした。

と・こ・ろ・が……。

当日、父親と講演会場を出ようとしたところでハプニングが起きます。運悪く、父親が昔の仕事仲間と鉢合わせしてしまったのです。

数年ぶりの再会を喜ぶお父さんと、その知らないオジサン。

そのオジサンは上機嫌で、お父さんに言います。

「われわれの会社と仕事をしてくれるなんて嬉しいよ。ところで、埠頭《ふとう》に最高にうまいシーフードを食わせる店があるんだ。よかったらこれから一緒にどうだい。もちろんお嬢さんも一緒にね」

「それはいいね。埠頭でディナーとは、最高だろうな！」とお父さん。

その言葉を聞いて、がっかりするシンシア。

楽しみにしていたケーブルカーも映画もおやつも、全部おじゃん。シーフードなんて好きじゃないし、大人の会話を聞いているなんてつまらなすぎる……。

しかし、シンシアの父は続けてこう言ったのです。

「でも、今夜はダメなんだ。シンシアと特別なデートの約束をしているものでね。そうだろう？」

父親はそう言うとシンシアにウインクして、その手を取ると、さっさとその場を離れたのです。

シンシアは、父親の「必要なノー」のおかげで、大好きな父とサンフランシスコで生涯忘れられない夜を過ごすことができたのでした。

シンシアの父の名は、スティーブン・R・コヴィー。

そうです。

日本でもベストセラーになっている名著、『7つの習慣』（キングベアー出版）の著者である故・コヴィー博士その人です。

シンシアは、最愛の父を亡くした数週間後、知人にこの時の思い出を語り、そして、こんなことを言っているのです。

「この出来事のおかげで、私と父との間には永遠に切れない絆が生まれました。父が私をもっとも大切な存在だと示してくれたからです」

コヴィー博士は、愛する娘のために**「勇気あるノー」**を口にした。それによって、娘からの永遠の信頼を得ることができたのです。

自分にとって、一番大切なもの。

それを守るためには、人は時として、勇気を持って「ノー」を言わなくてはならないということを、このエピソードは教えてくれています。

第3夜

カッコいいおごり方

たとえば、知人にご馳走してお礼を言われた時。

「どういたしまして」と言うのは少し他人行儀だし、「気にすんなよ」と言うとちょっとカッコつけている気がしますよね。

そんなシチュエーションで、ビートたけしさんが後輩へ言ったひと言が「たけし伝説」の一つとして伝わっています。

それは、お笑い芸人……というより役者のイメージが強い、「アリｔｏキリギリス」の石井正則さんがまだあまり売れていない頃のことです。

石井さん（当時25歳）が仲間と飲んでいると、その店に偶然、番組スタッフと一緒にビートたけしさんがやってきたのだそうです。

石井さんにとっては、雲の上の人との偶然の出会いです。

大緊張しながらも、仲間と共にたけしさんの前まで行き、「お笑い芸人の石井と申します！」とかしこまって挨拶をしました。

対するたけしさんは「ああ」という感じで、会話らしい会話をすることもなく、石井さんたちは自分たちの席にもどります。

その後、しばらくすると、たけしさんは店を出て行ったのでした。

その直後に店を出ようとした石井さんたち。

お勘定をしようとして、店員から驚きの言葉を聞きます。

「お代はたけしさんからいただいています」

驚き、大あわてで靴もはかずに店の外へ飛び出す石井さんたち。

たけしさんの後ろ姿を見つけると、その背中に向かって大声で叫びました。

「ありがとうございました！」

この時、振り返ったたけしさんが石井さんたちに言ったひと言がカッコよかった。

たけしさんは、ちょっと照れた顔で口元に笑いを浮かべながらこう言ったのです。

「売れたら使ってね」

この言葉、「もしスターになったら、オレが落ち目になっていても共演者に選んでね」という意味ですね。

厳しい芸能界で、「下積み時代を経験している成功者」ならではの言葉です。

そう言えば、あるタレントはこんなことを言っていました。

「番組の若いスタッフに横柄《おうへい》な態度をとっていると、そのうちにその人が偉くなって痛い目を見る」

芸能界で長年、売れ続けているベテランタレントというのは、概して若いスタッフにまで気をつかっているものです。

大御所と呼ばれるような人が、「番組のスタッフ全員」に対して差し入れをすることが多いのには、ちゃんと理由があるのです。

何かとこき使われるアシスタント時代にも、丁寧な接し方をされていたら、やがて自分が出世して、逆にベテランタレントのほうが落ち目になっていても、「〇〇さんを番組で起用してみようかな」なんて思うのが人情ですよね。

一般社会でも同じ。相手がどんなに下の立場でも、あなどってはいけません。

そもそも、「誰が偉くて、誰が偉くない」なんてことはないのです。

役職なんて、人間的な価値とはまったく関係ありません。

ですから、相手の肩書きによって態度を変える人は「小モノ」。

一方、誰に対しても等しく丁寧に接する人が「本モノ」です。

ちなみに、たけしさんが「後輩が同じ店にいたら、店を先に出ておごる」と決めたのは、俳優の渡哲也《わたりてつや》さんから「自分はそうしている」と聞いたからなのだとか。

そして、その渡さんは、それを故・石原裕次郎さんから聞いて実践していたのだそうです。

「カッコいいおごり方」の**ペイ・フォワード（＝恩送り）**ですね。

第4夜

台風の夜、タクシー乗り場で

これは、ある夜のタクシー乗り場での出来事。

歌人の穂村弘《ほむらひろし》さんが40歳すぎだった頃の体験談です。


台風の夜。

駅前のタクシー乗り場には、長蛇《ちょうだ》の列ができていました。

その列に並んでいた穂村さん。

とても疲れていて、早く家に帰ってお風呂に入ることばかりを考えていたそうです。

彼の前には杖をついたお年寄り。

2時間待って、ようやく前のお年寄りの順番となり、そこにタクシーがやってきました。

と、突然、そのお年寄りが後ろを振り向いて言ったのです。

「どうぞ、お先にお乗りください」

お年寄りが声をかけたのは、穂村さんではなく、穂村さんの次に並んでいた若い女性。

見れば、その女性は赤ちゃんを抱いているではありませんか。

いくら疲れていたとはいえ、2時間も並んでいたのに、すぐ後ろにどんな人がいるのかまったく気が付かなかったとは……と少し恥ずかしくなる穂村さん。

お年寄りに声をかけられた女性は驚きながらも、お年寄りと穂村さんの両方にお礼を言って、タクシーに乗り込み去っていきました。

お礼を言われて、余計に恥ずかしくなる穂村さん。

しかしこのあと、お年寄りはさらにカッコいい行動に出るのです。

なんとこのお年寄り、ごく自然に、穂村さんの後ろにまわろうとするではありませんか。

たしかに、お年寄りは自分の判断で、穂村さんを飛ばして、タクシーの順番を女性にゆずりました。

つまり、「次にくるタクシー」に乗る権利を持っているのは穂村さんだと考えたのでしょう。

だから、「当然のこととして」穂村さんの後ろに並び直そうとしたのです。狼狽《ろうばい》しつつ、「いえいえ、ど、どうぞ、次、乗ってください」とお年寄りを止める穂村さん。

結局、お年寄りは、軽く会釈をし、次にきたタクシーに乗っていったのでした。

そのタクシーを見送りながら、穂村さんはこう考えていたそうです。

「あのお年寄りは、自分より弱いものを思いやり、しかも、私に対しては当然のように『筋』を通そうとした。

それに引き替え、私のほうは、帰宅後のお風呂のことで頭が一杯だった。

私は……、負けた」

穂村さんの気持ち、よくわかります。

時々、メチャクチャにカッコいいお年寄りって、いますよね。

どんな時も余裕があって、自然にまわりへの気づかいができている。

そういう人に出会うと、いつも「すごいな」と思ってしまいます。

ある一定の年齢以上のお年寄りの場合、戦争を経験しています。

私たちの想像を超える世界を、その目で見てきたのでしょう。

だから、「弱い者」への本当の心づかいができるのかもしれません。


このお年寄りのカッコいい行動。

ヘタに真似をして、もし、並んでいる人たちがとんでもない輩《やから》だと、順番をゆずられた女性が、さも当然のようにお礼も言わずに去っていき、後ろの人から「何、勝手に順番変えてんだよ」とからまれてしまうかも……。

これでは美談が台無し。

そんなことにならないように、急いでいる時や、疲れている時ほど、「気づかい」と「感謝」の気持ちを持って、人に接したいものです。

第5夜　予期せぬトラブルが起こっても……

台風の時など、予定していた飛行機が欠航になったり、到着地が変更になったりということがよくあります。

私も昔、社内報を作る仕事をしていた頃、取材先の高松へ向かう飛行機が、悪天候で大阪着に変更になったことがありました。

急きょ陸路に切り替えて向かいましたが、高松に着いたのは予定よりも約5時間遅れ。結局、2日間の取材のうち、初日の夕方に予定していた取材はすべて流れてしまいました。

さて。

たとえ欠航や到着地変更の理由が天候のせいであっても、それによって予定が狂ってしまうと、イライラしてしまうのが人間というもの。航空会社の人に対しても、きつく当たってしまいがちです。

その予定が大切な商談だったりすると、わかっていてもなかなか平静ではいられないのが人情でしょう。


全日本空輸（ANA）でVIP専用機のCA（＝キャビンアテンダント）を長年務めた経験を持つ里岡《さとおか》美津奈《みつな》さんは、そんな「天候による到着地の変更」の時に、とても印象に残っているエピソードがあるそうです。


そのお客様は、某企業のトップ。

悪天候で飛行機の到着地が変更になることがアナウンスされても、嫌な顔一つせずに、座席でずっと静かに本を読み続けていました。

そして、予定とは違う地に着いて飛行機を降りる時、CAである彼女に、こんな言葉をかけてきたのだそうです。

「機長さんに、『安全策をとってくれてありがとう』とお礼を伝えてください」

ううっ、カッコいい……。

よくよく考えてみれば、飛行機が悪天候で到着地を変更するのも、電車が横風で徐行運転をするのも、すべては乗客の安全を第一に考えてのこと。

本来は、怒るどころか感謝するべきことなのです。

目的地に着くのが5時間くらい遅れたって、墜落で死んじゃうよりはよっぽどいい。死んじゃったら、5時間遅れどころか永遠に着けません。

私もあの日の出張で死ななかったおかげで今、こうして本を書いていられるのです。

以前、電車が運行時間を守るために、無理にスピードを出しすぎて脱線したという悲劇がありました。

そんなことを考えると、「安全確認」で多少、電車が遅れても、**「安全を考えてくれてありがとう」**と思えてきます。

とは言え、電車が運転を見合わせている時、急いでいると「いつになったら動くのか?」と考えて、ついイライラしてしまうもの。

私の知り合いはそんな時、イラ立ちがこみあげてくると、

「その怒っている自分の姿を、一番好きな人に見せることができるか?」

と考えて、高ぶった心を鎮《しず》めると言います。

これも、なかなかよい方法ですね。

第6夜

ピンチの時に思い出したい言葉

マラソンランナー有森裕子《ありもりゆうこ》選手や、高橋尚子選手の名コーチとして知られている小出義雄《こいでよしお》氏。

私の中でのイメージは、いつも酔っぱらっているオッチャン（失礼！）ですが、それぞれの選手の性格や長所を見抜いたその指導ぶりには、定評があります。

そんな小出氏が、有森裕子選手に「よく言っていた言葉」があるそうです。

それは……。

「せっかくと思え」

たとえば、有森選手が練習のしすぎで足を故障した時には、小出さんは次のように言ったのだとか。

「せっかく故障したんだから、今しかできないことをやろう」
「せっかく、神様が休めと言ってくれているんだから、しっかり休もう」

こう伝えることで、「故障によって調整が遅れてしまう」と焦る有森選手の心を落ちつかせて、前向きにさせたのですね。

「神様が休めと言ってくれている」とは、さすが小出監督、うまいことを言います。練習の虫、有森選手も、そう言われてしまうとつい納得したのでしょう。

このうまい説得によって、有森選手は、故障してしまった自分を責めることもなく、治療に専念できたのです。

小出監督の選手操縦法、さすがです。

そして、この小出さん、こうも言っています。

「どんな状態の時も、『せっかく』と思えばいいんだよ。そうすれば、すべてが力になる」

うーむ。

小出さん、やはり、ただのヨッパライではありません（重ねて失礼！）。

この「ピンチの時には『せっかく』と思えばいい理論」。

いろいろな場面で、いくらでも応用がききます。

「せっかく電車に間に合わなかったのだから、ホームで本を読もう」

「せっかく風邪をひいたのだから、ゆっくり休んで溜まっていた録画を観よう」

「せっかく日にちを間違えてきてしまったのだから、現場の下見をしよう」

と、様々な場面で使えるのです。

そう言えば、あの徳川家康は、武田信玄との戦《いくさ》に敗れて、命からがら城に逃げ帰った時、絵師を呼んで、「敗北した情けなさの頂点で、顔をしかめている自分の姿」を描かせたそうです。

そして、できあがった絵は「自分への戒め」として、生涯ずっと大切に取っておいたのだとか（その肖像画は今も残っています。目を見開いた家康の表情が実にイイ味を出しています）。

これも、「せっかく戦に敗れたのだから、このくやしさを絵に残して、今後に役立てよう」というプラスの発想ですね。

マイナスの出来事が起こった時は、**「せっかく」**と考えてプラスに転じてしまう。

なかなか、賢い考え方ではありませんか！

第7夜 紙の金メダル

かつて芸術家の岡本太郎は、子どもの絵の審査員を頼まれた際に、最後に壇上に上がって最優秀賞者の発表をする時に、こう言ったそうです。

「全員、最優秀賞です!」

「えっ? 全員ですか!?」とあわてる主催者たち。

「そう、全員すばらしい! 全員に賞をあげてください!」

なかなか痛快な話です。

そもそも岡本センセイ、「子どもこそ真の芸術家」と考えている人でしたから、子どもの絵に順位を付けるなどという愚行《ぐこう》はするわけがないのです。

センセイは、3歳くらいまでは心のままに絵を描いていた子どもたちが、まわりの大人たちの目にさらされて、「うまい」とか「ヘタ」とか言われるうちに絵を描くのをやめてしまうことについても激しく批判しています。

さて。

今夜は、子どもの絵に関する**「紙の金メダル」**というお話。

美術教師をしている小林さん（仮名）が、ある時、小学校に代理教員として絵を教えに行った時の話です。

授業では、児童たちに、校庭にある大きな木の写生をさせていました。

すると。

ひとりの児童が、木の幹を紫色に塗っているではありませんか。

驚いた小林さんは、その子に話しかけます。

「よくあの木を見て？　こういう色じゃないんじゃないかなあ？」

するとその子は、こう答えたのです。

「いいんだ！　僕は紫が一番好きな色なんだ。僕はこの木が一番好きな木だ。だから、一番好きな色を、一番好きな木にあげたんだ！」


この言葉を聞いた小林さんは「やられた！　子どもに教えられた！」と思います。

しかし、今の教育では、木を紫に塗った子に「最高点」をあげることはできません。

考えた小林さんは、自分で紙の金メダルを作って、その子にあげたのです。


「学校の都合で5点の評価はあげられないけど、先生はこの絵はとてもすばらしいと思う。だから、特別にこの金メダルをあげます！」


そんな出来事から何年も経ってからのこと。

小林さんはふと思い立って、この出来事をラジオ番組に投稿します。

ハガキは採用され、放送。

すると、驚いたことに、たまたまその放送を聴いていた、あの時の児童本人（すでに大学生になっていました）から小林先生のもとに手紙が届いたのです。

その手紙には、こんなことが書かれていました。

「あの時、先生からもらった金メダルは今も大切に持っています」

手紙には、大学生になった彼が、あの金メダルを首からさげた写真が同封されていました。さらに、手紙の続きには、こうあったのです。

「僕は今、絵の勉強をしています。将来は画家になりたいと思っています」

木の幹を紫色に染めた子。その子の絵を認めてあげた先生。

岡本太郎の考えが正しいのがよくわかります。

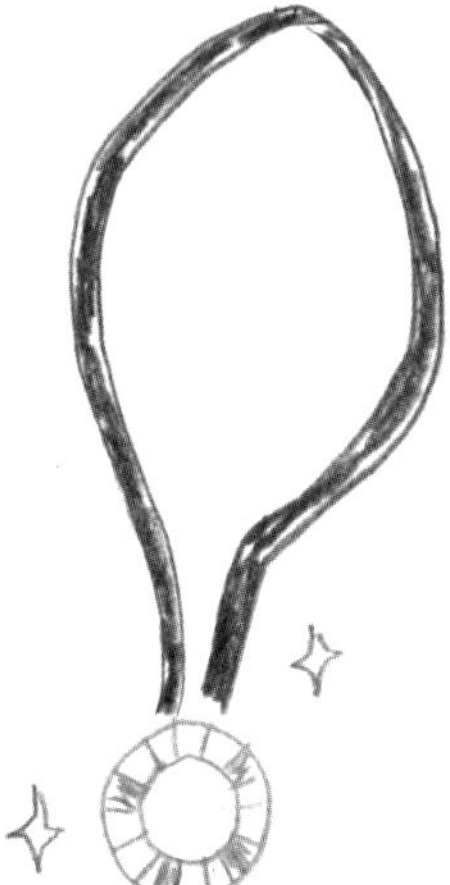

第8夜

転校生がくれたもの

私は小学生の頃、「転校」だけは嫌でした。

だって、「クラスの皆とこんなに仲がよいのに、その友達と別れて誰一人知る人がいない学校へ行く」なんて寂しいではありませんか。

今でこそ、「転校」は「出会えるはずのなかった新しい友達と出会えるチャンス」と考えることができます。

でも、小学生当時は、「転校」は、それはもう、恐怖の対象だったわけです。

私が小学生の間にも、何人かの転校生がやってきました。

転校生が黒板の前に立たされ、先生に促《うなが》されてあいさつをするのを見るたびに、「きっと、とてつもなく不安だろうな……」と同情し、同時に「転校」という過酷な現実を受け入れている彼らをリスペクトしたものでした（オーバーではなく本当に）。

あれは、小学何年生の頃だったでしょうか？

体の大きな転校生がクラスにやってきたことがあります。

名前はすっかり忘れてしまいましたが、すぐに皆から「大ちゃん」というニックネームで呼ばれるようになりました。

これは、その大ちゃんがやってきた転校初日の話。

その日の休み時間。

私のところに、友達の中谷君（仮名）が目を真っ赤にしてやってきました。

以下、私と中谷君との会話。

「オレ、感動した！」と中谷君。

「えっ？　何？」と私。

「今日、転校してきて、オレのとなりの席になったアイツ」

「えっ、ああ、あの体がでかい……」

「うん。アイツさぁ」

「うん」

「すごーく、いいヤツだ！」

「へっ？」

「オレさぁ、今日、消しゴムを忘れたんだよ」

「うん」

「筆箱の中に無くてさ、それで、『あっ、消しゴム忘れた』ってつぶやいたのな」

「うん」

「そしたらさ、その声が聞こえたらしくてさ、アイツ、自分の消しゴムを筆箱から出して……その消しゴムをカッターで半分に切って、切った半分をオレに差し出して、**『これ、使っていいよ』**って言うんだ！」


中谷君は、大ちゃんのその行動に大感動。

目に涙をためて、私のところに報告にきたのでした。

当時の私たちにとって、消しゴムを切り刻むなんて、とてつもなく勇気の要ること。

その大それた行動を、この大ちゃん、あっさりとやってしまい、「まだ友達になってもいない」中谷君に捧げたのです。

笑うとアンパンマンのような顔になる大ちゃんが、クラスの人気者になるのにそれほど時間はかかりませんでした。

でも……。親が転勤の多い仕事なのか、その後、すぐにまた転校していってしまいました。大ちゃんは、また、見知らぬ学校の「転校生」になったのです。

子ども心に、「きっと大ちゃんなら、どこへ行っても大丈夫」とエラそうに思ったのを覚えています。

第9夜

名監督に感謝された「4人の人物」

今夜は、**「自分を支えてくれている人」**への感謝の話。


映画監督のアルフレッド・ヒッチコックの話です。

ある日突然、鳥たちが人間を襲いはじめる『鳥』。

泊まった人間を次々と殺してしまうモーテルを描いた『サイコ』。

ヒッチコックは、そんな数々の怖〜い映画を撮った人で、その巧みでハラハラドキドキさせる演出から「サスペンス映画の神様」とまで呼ばれた名監督です。

昔は日本でも『ヒッチコック劇場』という人気テレビ番組が放送されていました。

観客には圧倒的な人気があったこのヒッチコックさん。

それなのに、「アカデミー監督賞」を手にすることはありませんでした。

5回も「監督賞」にノミネートされたのに、どうしても手が届かなかったのです。

彼が監督賞をもらえなかったのは、
- 昔は「感動の名作」の評価ばかりが高く、サスペンス映画は下に見られていた
- 彼ならいつでも受賞できると、あとまわしにされた
- ハリウッドの映画関係者との付き合いがあまり無かった

など、いろいろな理由が挙げられています。


「なぜ、あなたほどの監督にアカデミー賞が贈られないのでしょう?」

こう記者から質問された時、ヒッチコックは、

「(映画の中で)人を殺しすぎたからね」

と、皮肉とユーモアたっぷりな回答をしています。


さて。

そんな悲運の名監督に、とうとう大きな賞が贈られる時がきました。

1979年、アメリカ映画協会は、彼に「功労賞」を贈ることを決定したのです。

当時のヒッチコックはすでに80歳で、最後の作品『ファミリー・プロット』を撮ってから、すでに3年も経っていましたから、本当に最晩年のこと。

その授賞式で、ヒッチコックはこんなスピーチをしたのです。

「この**私に、大いなる愛情と高い評価を与え、常に励ましと惜しみない協力をしてくれた4人の人物**をここで紹介させてください。

1人目は私の映画の編集者。

2人目は私の映画の脚本家。

3人目は私の娘、パトリシアの母親。

そして4人目は、わが家のキッチンで長年にわたって奇跡的な仕事ぶりを見せてくれた名コック。

偶然にも、その4人の名前は、すべて同じです。

その名は……。

アルマ・レヴィル」

アルマ・レヴィルの本名は、アルマ・ヒッチコック。

そうです。

アルマ・レヴィルは、ヒッチコック監督の奥さんの名前。

ヒッチコックは、自分の映画の編集者、そして共同脚本家として、共に作品を作り、愛娘を育て上げ、妻としても自分を支えてくれた奥さんに対して、晴れの舞台で最大級の感謝の想いを伝えたのです。


私はこの授賞式の光景を、映像で観たことがあります。

突然、夫からスピーチによる紹介を受けたアルマさんの、晴れがましくも誇らしげな表情が印象的でした。

ヒッチコックは、人生の最後の最後に**「自分を支えてくれた人」**に、すばらしい瞬間をプレゼントすることができたのです。

ヒッチコックがその生涯を終えたのは、この授賞式の翌年のことでした。

いい夢が見られる章

ほっこりと、「優しい気持ち」になれる話

第10夜

おかしな居酒屋

今夜のお話は、最近はすっかり居酒屋評論家（？）になっている、歌手のなぎら健《けん》壱《いち》さんの体験談。

その夜。

なぎらさんは、渋谷の中心部から外れたひっそりとした場所で、一軒だけ灯りをともす小さな飲み屋を見つけて入ったのだそうです。

店内はカウンター席のみ。

カウンター内には、長年、女手一つでやってきたと思われるおばちゃんがひとり。

先客は2人いて、テレビを観ながら飲んでいる。

ビールを注文し、黒板にチョークで書かれたメニューを見るなぎらさん。

運ばれてきたビールはやけにぬるい。

「おばちゃん、マグロのブツをちょうだい」

それを聞いたおばちゃん、途端に困惑の表情に変わる。

「えっ？……ああ、お客さん申し訳ありません。今日はマグロを切らしていまして……築地へ行かなかったもので」

「そう……」

ふたたび黒板のメニューを見るなぎらさんへ、おばちゃんがおかしなことを言います。


「ハムエッグならできるんですが」


「はぁ？」

（これから飲むのにハムエッグはないでしょ……。いったい、どういう尺度？）

おばちゃんの言葉を無視して「それなら、え〜っと、メザシをもらおうかな」

聞いたおばちゃん、今度は目が泳ぐ。

「実はメザシも切らしておりまして…………。ハムエッグならできるんですが……」

「冷奴は？」

「ええっ！　やっこですか!?　ハムエッグなら…………」

ここで、とうとう、なぎらさんのほうが観念します。

「ハムエッグでいいよ、ハムエッグちょうだい」

「はいっ！」

おばちゃんは明るい声で返事をすると、嬉々としてハムエッグを作りはじめたそうです。

（それにしてもハムエッグとは……）

なぎらさんは何気なく、先客の前に置かれているつまみに目をやる。

そうしたら……。

2人ともハムエッグを肴《さかな》にして、酒を飲んでいたのでした。

いやはや、実になごむ居酒屋の話です。

その後、このお店は一帯の開発と共に無くなってしまったのだそうで……。

なぎらさん曰く。

「またオツな店が1軒消えてしまった」

なぎらさんが、すべてを受け入れて、この店をいとおしく思っているところがイイ。
「昔ながらの居酒屋」への、かぎりない愛情を感じます。
トンチンカンな相手への、余裕を持った対応と包容力。
見習いたいものです。

第11夜

エレガントなシルバーシート

電車の中の「シルバーシート」。

目の前にお年寄りがきた時、席をゆずるかどうか悩むのが嫌で、座るのを避ける人もいるようです。でも、私は空《あ》いていれば平気で座ってしまいます。

そして、「まだ見ぬお年寄りのために先に私が座って席を確保している」と考える。

そう考えると、席をゆずるときも変に意識せず、すんなりゆずることができます。

さて。

これは、シルバーシートで私が目撃した、ステキな人たちの話。

電車内。

シルバーシートの近くで立っている私。

と、そこに乗り込んできたのは杖をついたおばあちゃん。

私の目の前のシルバーシートに座っていた女性が、サッと立ち上がって席をゆずります。

以下、おばあちゃんと女性の会話。

「おばあちゃん、どうぞ」

「あら、すみませんねぇ。足が痛くて……」

「大丈夫ですか？」

「1週間前に、左足を手術したばかりなんですよ」

「ええっ！　それでもう退院されているんですか！」

「最近の病院は、すぐに退院させられちゃうのよ。でね、今度は右足を手術するの……。もう、いやんなっちゃう」

「大変ですね」

「でも、早くに夫を亡くしたものですから。こんなになっても働かなきゃならないんです。年金だけじゃ食べていけないので……。で、今日も勤め先の食堂へ出勤」

「旦那さまはおいくつでお亡くなりになったんですか?」

「47歳の時に……」

「ええつ、そんなに早く……。失礼ですけど、おいくつなんですか?」

「私はもう68歳です」

「えーっ！　お若いですねぇ。どう見ても50代ですよ」

「あらっ、そんなことないですよぉ」

おばあちゃんは少し耳が遠いようで、2人の話す声はやや大きい。

私は、聞き耳を立てるまでもなく、ドキュメンタリー番組のようなこの会話を楽しんでいました。

と、その時。ふと、おばあちゃんの横に座っている外国人が、チラチラと2人を見ていることに気が付いたのです。

外国人は、タレントのジローラモさんを小ぶりにして少し若くした感じ。

そのチョイワル系外国人が、怪訝《けげん》そうな顔でチラチラと2人を見ているのです。

(こ、これは。もしかして、うるさいと思っているのでは……?)

もし突然、「ビー　クワイエット！」とか言って、２人にからみはじめたらどうしよう……などと、勝手に妄想し、ヒヤヒヤする私。

そこに、「もうすぐ駅」のアナウンス。（よかった……）

「ありがとうございました。私は次の駅で降りますので」と、おばあちゃん。

電車が駅に着くと、なんとこのおばあちゃん、となりの外国人に向かってこう言ったのです。

「うるさくして、ごめんなさいね」

さすがは人生の達人！　外国人が自分たちをチラチラ見ていたのに気付いていたのですね。

突然、話しかけられたジローラモ。外国なまりの日本語でこう言ったのです。

「イイエ、ドウイタシマシテ。ハヤク、ヨクナッテクダサイ」

怒っていたのではなかったのか……。あなたもイイ人だったのですね。

偶然目撃した「シルバーシート劇場」。なんだか、とてもイイ気分になりました。

第12夜

窓ガラス越しのメッセージ

英語スクールの代表をされている土肥《どい》妙子《たえこ》さん。

かつて学生時代に、サンフランシスコの家庭にホームステイをしたことがある彼女は、そこで「ほろ苦い体験」をします。

その体験は、何十年も経った今も忘れられずに心に残っているそうです。


それは、サンフランシスコでのある日のこと。

ひとりで遠出をした土肥さんは、帰りにすっかり迷子になってしまいます。

あたりは暗くなりはじめ、不安が増していきます。

まだ携帯電話なんて無い頃のことです。

電話を探して歩きまわり、ようやく見つけたのは、スーパーマーケットの駐車場の片隅にある公衆電話でした。

電話ボックスの中でホストマザーの声を聞いた瞬間は、まさに、船が難破して小舟で荒海をさまよっている時に、救助船を見つけたような思いだったそうです。

ホストマザーは「すぐに行くからそこにいてね」と言うと電話を切り、そのわずか20分後には、オレンジ色のスポーツカーでかけつけてくれます。

土肥さんは、まるで本当の母親のように自分を心配し、スーパーマンのように飛んできてくれたホストマザーに心の底から感謝しました。

しかし。

彼女が「ほろ苦い体験」をするのはこのあとだったのです。

サンフランシスコの美しい夜景が見渡せるホストファミリーの家に着いたのは、もうすっかり陽が暮れた頃でした。

車庫に車を入れ、運転を終えたホストマザーは、土肥さんにこう言ったのです。

「タエコ、あなたはまだ、私に『サンキュー』と言っていないわよ」

この言葉を聞いた土肥さんは「まさか！」と思います。

涙が出るほど感謝しているのに！　それを言葉にしていなかったなんて！

この時、土肥さんははっきりと学んだのです。

「ありがたいと感じることと、その思いを相手の目を見ながら言葉にして伝えるという行為は、まったく別のことなんだ！」

現在、子どもに英語を教えることもある土肥さんは、「『サンキューという言葉』を教えるのではなく、『サンキューと言う習慣』を身に付けさせる」ように心がけているそうです。

次のお話は、2011年1月、北陸地方に記録的な雪が降った日の出来事。

富山発大阪行き特急「サンダーバード40号」は、福井県内で大雪のため立ち往生してしまいます。

この時、除雪作業の応援のために、近くの駅から派遣された長田一郎さん（仮名）。

現場に到着した時は、その雪の多さに、ぼう然としたそうです。

作業をはじめて数時間後のこと。

背後からのドンドンという音に振り向いた長田さんは、車内から小学生くらいの女の子が手を振っている姿に気が付きます。

窓ガラス越しなので話はできません。

女の子は、手にA４判くらいの紙を持っていて、そこにはこんなメッセージが書かれていたのです。

「がんばってくれてありがとう☆
おしごとがんばってください☆　☆みんなより☆」

メッセージを手にニッコリ微笑む女の子。

長田さんは、胸が熱くなるのを感じながら、笑顔を返します。

このメッセージのことは、大雪と格闘する他の職員たちにも伝えられ、心が折れそうになる作業への力強いエールになったそうです。

職員たちの不眠不休の作業により、運転は再開し、「サンダーバード40号」が大阪駅に着いたのは翌日、実に32時間遅れのことでした。

職員たちの除雪が、いかに苛酷《かこく》だったかがわかります。

苛酷な作業の中で、ひとりの女の子がくれた「ありがとう」のメッセージが、職員たちにとって、大きな力になったのです。

日本には、「言わなくてもわかるだろう」という文化があります。

でも、土肥さんが体験したように、言葉にしなければ伝わらないこともある。

逆に「ありがとう」と伝えることで、それが相手の心の支えになることもある。

「ありがとう」

人生は、このたった5文字の言葉を相手に伝えるか伝えないかで変わります。

明日から、1回でも多く「ありがとう」って言ってみてください。
それだけで、すべてがうまくいくようになります。

第13夜 ノックは要らない

今夜は「トイレでの話」を二つ。


一つ目は、私が某カフェのトイレで体験した話。

カフェで原稿を書いていて、トイレに行きたくなった私。

店内のトイレに入ると、そこには、扉付きの個室トイレが一つあるだけ。

広い店なのに……と思いながら、個室に入りました。

すると、外から「コンコン」とノックの音。

私は内側から「コンコン」とノックを返して「入っている」ことを伝え、出すものを出してから扉を開けました。

扉の外にいたのは、私の腰くらいの身長の小さな男の子（4歳くらい?）。

男の子は、私と入れ違いに個室の中へ入ります。

私が洗面所で手を洗っていたその時です。

突然、個室の中からノックの音が……。

コンコンコン。

えっ？　と思った次の瞬間、今度は個室の中から男の子の声が聞こえました。

「入ってまーす」

ははは。

知ってるって！　入れ違いに入るのを見ているんだから！

それにしても可愛いすぎます。

たぶんこの子。お父さんとどこかのお店のトイレに入った時、お父さんが扉をノックして、中からのノックの音と「入ってまーす！」という声を聞いた経験があるのでしょう。

それで、トイレの個室に入ったら、内側からドアをノックして、外にいる人に向かって「入ってまーす」と言うのが決まりだと勘違いしたのですね、きっと……。

あまりにも可愛くて、もう一度ノックをしちゃおうか迷ってしまいました（笑）。


二つ目の話は、「雨上がり決死隊」の蛍《ほと》ちゃんこと蛍原徹《ほとはらとおる》さんと「キャイ〜ン」のウドちゃんことウド鈴木さんが、テレビで披露していたトイレでのエピソード。


ある時、テレビ局のトイレで、となり同士でオシッコをしていた二人。

「となりでオシッコなんかしてすいませーん」

「いやー、こちらこそすいませーん」

「いやいや、こちらこそー」

と、意味のないおバカな会話を大ノリでしていました。

すると、個室トイレの中から水を流す音。

（しまった、誰かいたんだ……。大騒ぎしてしまった……）と思ってもあとの祭り。

扉が開いて、出てきたのは、なんと、俳優の北大路欣也《きたおおじきんや》さん！

（うわーーーっ！！！）↑2人の心の叫び
あまりの大物の登場に固まる蛍ちゃんとウドちゃん。
そんな2人と目が合った北大路さん。
2人に向けて、ビッと親指を立てて見せて、ひと言、こう言ったのです。

「元気大好き！」

ははは。っ、あの貫禄でこのひと言、いいですねぇ。
言われた2人は、その優しさに大感激したとのこと。
この、一瞬で相手をとりこにしてしまうのも、大物の大物たる所以《ゆえん》です。

第14夜

番頭さんの「失礼な(?)ひと言」

ディズニーランドでは、「とっておきの笑顔ができるキャスト」を駐車場に配置するのだそうです。

それは、創業者のウォルト・ディズニーが次のように考えていたから。

「駐車場のキャストは、ゲストがディズニーランドにきて最初に出会うキャストだ。だからこそ、最高の笑顔をゲストに提供できる人間を配置しなくてはならない」

サービス業における「第一印象」の大切さを理解した、経営者の言葉です。

実は、この「第一印象」を重視する接客の原則。

日本の古い旅館でも同じ考え方をしているのです。

老舗《しにせ》旅館では、よほどの上客でないかぎり、いちいち女将《おかみ》が玄関に出てお客を出迎えることはしません。

やってきたお客と玄関で最初に顔を合わせるのは、番頭さんや下足番《げそくばん》（玄関でお客の靴を預かり下駄箱を管理する人）です。

番頭さんも下足番も、その旅館の顔。

まさに、ディズニーリゾートにおける駐車場係です。

旅館や料亭の第一印象を決める仕事とも言えます。

さて。

これはある学者さんが、福島県のひなびた旅館に、夫婦で宿泊した時に体験したお話。

夕方、宿の下駄をつっかけて、散歩に出ようとしたところ、玄関にいた番頭さんが大きな声でとても失礼なことを言います。

「じーさん、ばーさん、お出かけー！」

これを聞いたその学者さん、カチンときます。

とは言え、そこは大人。

まあ、たしかに、どこからどう見ても自分たちは老夫婦かもしれない。

それに、なんと言っても田舎でのこと。

番頭の言葉にいちいち腹を立てることもないか……と考えて、そのまま外出します。

しかし、散歩からもどると、さっきの番頭がまたしても失礼なことを言うのです。


「じーさん、ばーさん、お帰りー！」


一度ならず二度目の失礼。

人のよい学者さんも、さすがに番頭に抗議しました。

「きみ、いくらなんでも、私たちをじいさん、ばあさん呼ばわりすることはないだろう。もう少し違った言い方があるんじゃないか？」

言われた番頭さん、きょとんとした顔。

聞けば「そんなことを言った覚えはない」と言う。

話すうちに、真相がわかりました。
番頭さんは、こう言っただけだったのです。
「13番さん、お帰りー!」
13番は、学者さんご夫婦が泊まっている部屋の番号ですね。
福島の訛《なま》りで、「13番さん」は「ずうさんばんさん」。
学者さんには、それが「じーさん、ばーさん」と聞こえていたのです。
わかってみれば、ただの勘違い。
学者さんも、訛りにダマされて苦笑いしたことでしょう。

なんだか、心がなごむ話です。

第15夜

看護師さんの、優しい気づかい

これは、私が薬をもらいに近所の病院へ行った時に目撃した、その病院の女性の看護師さんの「実に気がきいた、優しい対応」の話です。

どうも、その日は健康診断の実施日のようで、何人かの人たちが「今日、健康診断を予約しているのですが……」と言って受付をしていました。

と、そこへひとりのおじいちゃんが……。

以下、おじいちゃんと受付の看護師さんの会話。

「あの〜、今日、健康診断にきたんだけど」

「はい。では、予約票をお願いします」

「予約票?・」

「健康診断を申し込まれた時に、もらいませんでした?」

「……」

「じゃあ、今日、予約が入っているか見てみますね。えーと、お名前は?」

おじいちゃんから名前を聞いて、パソコンで今日の受診予定者を調べる看護師さん。

ところが、その中に、そのおじいちゃんの名前が無い。

「今日の受診予定者の中にお名前が無いみたいですねぇ」

「えっ、今日のはずなんだけど……」

「じゃあ、今日、受診できるかどうか、担当に聞いてみますね」

そう言って、おじいちゃんを帰そうとはせず、内線電話をかける看護師さん。

なかなか優しい対応ぶりです。

しかし、私が「すばらしいな」と思ったのは、このあと看護師さんが、内線電話に出た相手へ言ったひと言でした。

看護師さんは、こう言ったのです。

「○○さんが、『健康診断の日を、本日に変更したい』と受付にいらしているのですが、大丈夫でしょうか」

実にシンプルです。

要は、たぶん日にちを間違えて病院にきてしまったおじいちゃんの予約日を、今日に変更できればそれでOK。

そのためには、経緯なんて、ちょっとくらい変えてしまったっていい。

最初から最後まで、すべて説明する必要なんてないんですよね。

ここでもし、

「○○さんが受付にきて、今日の受診予定だとおっしゃっているんですけど、予約票を忘れているみたいで……。それで、調べてみたら、本日の健診の予定者の中に、名前が無いんです。間違えていらしたのだと思うのですが。どうしましょう?」

なんて、すべての経緯を、大きな声で言ってしまったら。

おじいちゃんも、「自分のせいで、迷惑をかけてしまったかな? 申し訳ないことをしたな……」と、気にしてしまうでしょう。

そうなると、待合室で順番待ちをしている他の患者さんの目も、気になってしまうはずです。

この看護師さんは、とっさにそんな配慮をした上で、経緯を省略して話したのです。

そして、内線をもらった相手にとっても、忙しい時にくどくどと長い話を聞かされないですむ、こうした「簡《かん》にして要《よう》を得た」説明は助かります。

この看護師さんは、おじいちゃんにとっても内線の相手にとってもベストな、優しくてすばらしい対応をしたのです。

その後、看護師さんはおじいちゃんに「今日は、受診者の数が少ないので大丈夫ですよ。そのままお待ちください」と、にこやかに告げていました。

めでたし、めでたし。

第16夜 オリンピックの舞台裏で

1998年の長野オリンピックの時の話です。

何しろオリンピックですから、観戦客やら報道陣やらたくさんの人たちが、どっと長野に押し寄せました。

長野での主な移動手段はタクシーです。

地元のタクシー会社は、あっという間に予約で満杯に。

どのタクシー会社のタクシーも「貸し切り状態」になったのです。

そんな状況の中、たった1社だけ「貸し切りお断り」をつらぬいたタクシー会社がありました。

長野市に本社を持つ「中央タクシー株式会社」です。

当初は、同社も貸し切り予約を受けていたそうです。

しかし、ひとりの社員がこんなことを言ったのです。


「オリンピックの大会中、いつもうちのタクシーで病院に通っている、あのおばあちゃんはどうするんだろう?」


その言葉がきっかけになり、社員たちの間で「いつも自分たちのタクシーを使ってくれている地元住民の足を守らないでよいのか?」という議論が起こります。

それを受けて、経営者は「オリンピック期間中も、貸し切りを断って通常営業を続ける」という決定をしたのです。

もちろん、こんな英断を下したのは中央タクシーだけ。

他社は期間中、いつもの3倍を売り上げました。

期間中は、まさに中央タクシーだけが「一人負け」。

でも、オリンピックはあっという間に終わります。

オリンピック特需に沸いたタクシー会社は、その閉幕と共にお客を失いました。

一方、地元の人たちの足を守り抜いた中央タクシーだけは、オリンピックが終わってもビクともしませんでした。

いや、それどころか、オリンピックの前までは他社のタクシーを使っていた地元民たちまでも、中央タクシーに乗ってくれるようになったのです。


この話。

「自分たちにとって本当に大切にするべき人たちは誰なのか?」という、忘れてはいけないことを思い出させてくれます。


こんな話もあります。

ある割烹《かっぽう》料理店で、新規のお客を増やそうと考え、「初めてご来店のお客様、2割引サービス」という貼り紙をしました。

その結果、どうなったと思います?

売上はアップするどころか、大幅にダウンしてしまいました。

理由は簡単。

貼り紙を見た常連客が怒ってこなくなってしまったのです。

もし、「あちらを立てればこちらが立たず……」というような事態に陥って悩んだら、この長野オリンピック時の中央タクシーに学びましょう。

「自分にとって本当に大切な人は誰なのか？」が答えです。

中央タクシーの経営理念は「お客様が先、利益はあと」なのだそうです。

一過性のオリンピックに踊らされることなく、自分たちの「本当のお客」を見失わなかった中央タクシー。

シェアがナンバーワンというだけでなく、お客様のリピーター率もとても高いという話もうなずけますね。

第17夜

サバを拾う男

ある小話。

「うまいなぁ、このまんじゅう。それにしても与太郎、おまえがまんじゅうを手土産に持ってくるとはな。おまえ、このまんじゅう、どこで買ってきた？」

「買ってきてないよ、落ちてたのを拾ってきたんだ」

「えっ？　ど……どこに落ちてたんだ？」

「うんとね、そこの角の空き地に落ちていた自転車の、荷台の上の箱の中に落ちてた」

さて。

今夜は「ちょっと変わった拾いモノ」をしていた私の友人の話。

私の学生時代からの友人に、NHKの朝の連続テレビ小説『あまちゃん』で有名になった岩手県の久慈《くじ》市出身の西崎健一（仮名）という男がいます。

この西崎君。子どもの頃は海で遊び、岩についているフジツボをはがして食べていたというツワモノです。

そんな彼には、**「道でよくサバを拾った」**という思い出があるのだとか。

サバって、もちろん、あの魚のサバのことです。

久慈のあたりのサバはとても生命力が強くて、よく海からあがってきては、エラを使ってものすごいスピードで道路を走りまわり、それが力尽きて道ばたでグテッとしている……というわけではありません。

では、どうしてサバが道に落ちているのか？

このサバ、実は市場だか加工工場だかに運ばれる途中で、トラックの荷台から道路に落ちたものなのです。

週に1度、漁がお休みの日があり、狙い目はその次の日。

1日休んだ翌日は大漁になることが多くて、トラックの荷台にサバを満杯に積み込むから、運ぶ途中で道に落ちる確率が高い。

その曜日の朝になると、西崎君は母親から**「今日は学校の帰りに（サバを）拾ってきな」**と言われる。

言われた彼は学校からの帰り道で、サバを拾って帰宅する。

すると、そのサバが煮付けになって食卓に並んだのだそうです。


なんとも長閑《のどか》でイイ話です。

えっ？「泥棒じゃないのか？」ですって？

いやいや、もともと「気前のいい海」から漁師がいただいてきたもの。

それを目的地へ運ぶ途中で落としているのですから、言ってみれば「釣り逃がした魚」です。

放っておけば、腐るかネコのエサになるだけのそれを拾って、貧しい一家が食べてなんの罪があるというのでしょう！（別に西崎君一家は貧しくないですけど……）

西崎君からこの思い出話を聞いて、「古きよき時代」を思いました。

西崎君が子どもだった頃の日本は、おおらかで、いろいろなことに対して、今よりもずっと優しかった。

余裕があって、包容力があって、「大人の国」だったように思います。

サバを平気で道に落としてしまう日本。

それを拾ってきて煮付けにしても、誰からも何も言われなかった日本。

田舎が、ちゃんと田舎だった日本。

なんだかとても懐しい。

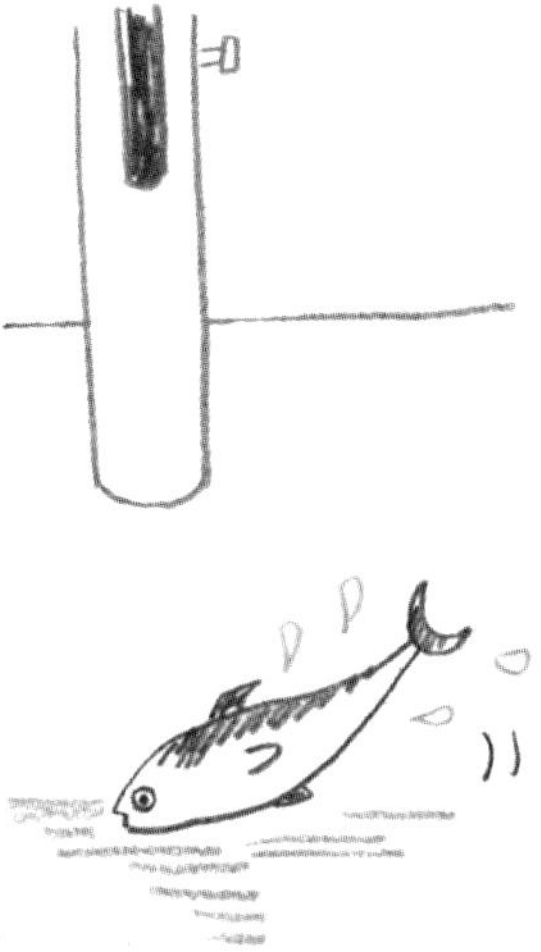

第18夜

司会を2時間半待たせたら

落語家の春風亭小朝《しゅんぷうていこあさ》さんのかつてのエピソードです。

ある時、小朝さんのマネージャーがラジオ番組の収録日を、1日勘違いしていたことがあったそうです。

そのマネージャーが、日にちを間違えているという事実に気が付いたのは、ラジオ番組収録の当日。

しかも、すでに収録時間を1時間も過ぎてからのことでした。

そのラジオ番組のメインパーソナリティーは、歌手の中島みゆきさん。

はっきり言って大物です。

中島さんのほうは、とっくにスタジオでスタンバイしていて、小朝さんの到着をすでに1時間も待っている状態というではありませんか。

自宅でくつろいでいた小朝さんは、真っ青な顔で小朝さんのもとへやってきたマネージャーから、事の次第を聞きました。

マネージャーと共に大あわてでスタジオへ向かいます。

しかし、そんな時にかぎって道路が混んでいたりして、スタジオに到着したのは、それからさらに1時間半もあと。

トータルでなんと、2時間半もの大遅刻になってしまったのです。

中島さんが待つスタジオに入るなり、小朝さんのマネージャーは滑り込むようにして土下座をし、「このたびは申し訳ございませんでしたー!」と叫んだそうです。

すごかったのは、それを見た中島みゆきさんです。

なんと、土下座で頭を下げるマネージャーよりも、さらに低く頭を下げて土下座をすると、大声でこう言ったのだそうです。

「とんでもございません！
どうぞお気になさらずに！
中島みゆきでございますー！」

すごいなー、中島みゆき。

何しろメインパーソナリティーの中島さんがこう言っているのですから、一緒に待たされたスタッフたちは何も言えません。

このあとの収録は、**何ごともなかったかのように、なごやかに終了**したそうです。

よく、大御所の俳優やタレントが、遅刻してきた若手に激怒したという話を聞きます。

「遅刻すると自分だけでなくスタッフ全員に迷惑がかかるから、それを教えるために怒ってみせる」という大義名分はたしかにあります。

実際に、「自分はそうやって先輩に厳しく指導されて勉強になったから、自分もそうする」と考えている大御所もいるでしょう。

でも。

遅刻してきた若手を叱《しか》ったあと、その大物が明らかに不機嫌なままだと、収録中の雰囲気が悪くなります。

いい仕事にはつながりませんし、スタッフもずっと気をつかわなくてはなりません。

中島みゆきさんも、小朝さんの遅刻によって、収録がギクシャクしたものになるのが嫌だったのかもしれません。


そう言えばビートたけしさんは、遅刻した相手にいっさい怒らないそうです。

理由はこうです。

「遅刻したヤツは、ここにくるまでにハラハラドキドキして、もうすでに罰は受けているから」

中島みゆきさんといいビートたけしさんといい、大物には心に余裕がありますね。

第19夜 自由の女神 in パリ

ニューヨークにある自由の女神像。

実は、このニューヨークの女神像の贈り主、フランスのパリには、二つの自由の女神像があります。

一つは、この像の作者である彫刻家、バルトルディが作った試作品で、上野の西郷さんくらいの大きさのもの。所在地はパリ市内のリュクサンブール公園内。

もう一つは、「自由の女神像」のお礼として、フランスに住むアメリカ人たちが寄贈した高さ11・5メートルという立派な像で、こちらは有名なグルネル橋のたもとの川中島のような場所にあります。

大学3年生の時にクイズ番組で優勝してパリ旅行をした際、私にはパリへ行ったらどうしても確認したいことがありました。

それは、「グルネル橋のたもとの女神像が、左手に持っている盾には、何が刻まれているのか?」ということ。

というのは当時、毎年挑戦していたクイズ番組『アメリカ横断ウルトラクイズ』の第1問目が、必ず「自由の女神像」に関することから出題されていたためです。

せっかくパリまで行って、そんなことに時間を割《さ》いてしまうのが、クイズ好きの性《さが》ですね。

パリ旅行での自由行動の日。

私はひとり、地図を片手にグルネル橋まで行きました。

すぐ目の前に立つ女神像。

た、高い……。目を凝《こ》らして見ると、左手に抱えられた盾に何やら刻まれているのが見えます。

おそらく数字だと思うのですが、これが高すぎてよくわからない。

その時、困った私は、すぐ横で同じく女神像を見上げていたフランス人らしき中年のご夫婦に聞いてみることにしたのです。

まあ、聞いてもわかるはずもないのですが、そこは若気《わかげ》の至りというやつですね。

ご夫婦に「エクスキューズ　ミー」と話しかけたのはよいけれど、考えてみれば、フランス語はもちろん英語もおぼつかない私。

しかたなく、その場で手帳に女神の絵を描き、盾の部分を指さして、「わっと　らいてぃんぐ　ひやー？」とかなんとか無茶苦茶な英語で聞いたと思います。

さあ、困ったのは聞かれたご夫婦のほうです。

公園で平和なひとときを過ごしていたのに、その平安を叩き壊す難問を、見知らぬ東洋人から、突然、投げかけられたのです。

おでこに手をかざし、2人して「戦況を見つめるナポレオンのような目」で、女神像の盾の部分を見はじめてしまいました。

私が「わからなければいいです」って英語でなんて言えばいいのだろう……なんて思っているうちに、そのご夫婦が、今度は近くにいた黒人女性に話しかけてしまいます。

もちろん、話しかけられた黒人女性だってわかりません。

ご夫婦と一緒になって盾を凝視。

と、今度はその様子を見ていたTシャツにリュックサック姿のバックパッカーらしき若者が近寄ってきて、ご夫婦にことの次第を聞き、一緒になって女神像の盾を見上げはじめる……。

こうして、人が人を呼び、**ものの数分の間に、自由の女神像の下に十数人もの人だかりができてしまった**のです。

皆、像を見上げて「あーでもない、こーでもない」と議論しています。

さて。この騒ぎを引き起こした張本人である私は、その時どうしていたか？

ひと言で言うなら、「ただただ感動していた」のです。

実はその時点ではもう、盾に何が刻んであろうが、どうでもよくなっていました。

喧喧囂囂《けんけんごうごう》と議論し合うパリっ子たちの姿を見ながら、**「この体験は一生忘れないだ**

ろうな……」などと考えていました。

結局、誰も答えがわからず、三々五々に去っていく人たち。

私はそのひとりひとりに「メルシー」と声をかけたのでした。


ちなみに、盾に刻まれている内容は、今ならインターネットで簡単に調べることができます。

答えは「1789年7月14日」というバスティーユ牢獄襲撃が起こった日付。

いやー、当時、インターネットが無くて本当によかった。

簡単に答えが手に入ってしまうと、本当はできるはずだった感動的な体験を逃がしてしまうのですね。

だって、もし答えを知っていたら、あの人たちとの出会いはなかったのですから……。


ありがとう、あの日のパリっ子たち！

眠っちゃうのが惜しくなる章

なんだか、心に元気が湧いてくる話

第20夜

見えないスタンプ

西洋にこんな民話があります。

ある貧乏な男が、近所の麦畑から麦を盗もうと考え、真夜中に末の娘と共に他人の畑にやってきた。そして、「誰か見ている人がいたら教えるんだ」と幼い娘に見張り番をさせて、自分は畑に入って麦を刈りはじめた。

しばらくすると、娘が突然言います。

「お父さん！　誰かが見てる！」

ギョッとして父親はあたりを見まわしますが、人っ子ひとりいません。

麦刈りを再開する父親。ところがしばらくすると、また娘が言います。

「お父さん！　誰かが見てる！」

父親は麦刈りを中断して、再びあたりを見まわしますが、やっぱり誰もいません。

「いったい、誰に見られているって言うんだ！　誰もいないじゃないか！」

父親が怒ってそう言うと、娘はこう答えたのです。


「お空の上から誰かが見てるの！」


私はこの民話が好きです。

「天網恢恢疎《てんもうかいかいそ》にして漏らさず」という中国のことわざをご存じでしょうか。

これは、「天はどんなに小さな悪も見逃さず、天罰を与える」という意味。

「神様はお見通しだぞ」ってことです。

中国には他にも、「これは2人だけの秘密だ……と言って不正を働いても、必ずバレる」という意味で**「天知る、地知る、我知る、人知る」**という言葉があります。


さて。

神様が見ているのは、何も悪事だけではありません。

あなたが「イイこと」をした時も、ちゃんと見てくれています。

歌人の穂村弘さんの『本当はちがうんだ日記』という本の中で、「見えないスタンプ」という話を読んだことがあります。それは次のような話。

人が『イイこと』をすると、世界のどこかにある『見えないスタンプ帳』に『イイこと』が一つ押される。それが『ある数』まで貯まると、その人に『イイこと』が起こる。

また、雑誌『暮しの手帖』前編集長の松浦弥太郎《まつうらやたろう》さんは、新聞のコラムでこんなことを書いていました。そのまま引用します。

〈「いやなことばかり起きているあなたへ。いやなことがいっぱい貯まると幸運と交換することができますよ」

スコットランドへの旅先で手にした、クッキーの菓子箱におまけで入っていたカードに書かれていた言葉である。

時差ボケで早起きした朝、あたたかい紅茶を飲みながら、ぼんやりとした頭で読み、何故かそのまま捨てずに取っておいた。今でも机の引き出しに入っている。〉

出典○2011年7月6日読売新聞夕刊「松浦弥太郎の暮らし向き」

穂村さんの「見えないスタンプ」は、誰も見ていなくても「イイこと」をすれば「イイこと」が訪れる。

松浦さんの話は、「悪いこと」が起こっても、そのぶん、「イイこと」が訪れる。

どちらもすごく前向きな考え方です。

この考え方のよいところは、「イイこと」をする時にわざわざまわりにアピールする必要はないし、「悪いこと」が続いても、落ち込む必要も無いということです。

落ち込むどころか、「貯金」だと思えば、「悪いこと」が起きるたびに「よーし、ラッキー！」って、ワクワクしちゃいますよね。

この「悪いことは必ずバレる」「イイことをすると必ず自分に返ってくる」「悪いことのあとには必ずイイことがやってくる」という三つ。

私の経験からすると、どれも「ホント」です！

第21夜

お金で「幸せ」を買う方法

よく「幸せはお金では買えない」って言いますよね。

でも……。

実は、**「お金で幸せを買う方法」**はちゃんとあるのです。

今夜は、そのすごい方法を教えちゃいましょう。

かつて、カナダでこんな実験が行なわれたことがあるそうです。

まず、学生たちをA班とB班に分けて、両方の学生にお金を渡します。

そして、A班の学生には、「このお金を他人のために使ってください」と指示を与える。

反対に、B班の学生には、「このお金は自分のために使ってください」と指示を与える。

そうやって、しばらく経ってから、Ａ班とＢ班の学生のそれぞれの「幸せ度」をチェックしてみたのです。


そうしたら……。


そう。

「自分のためにお金を使っていたＢ班の学生よりも、Ａ班の学生の『幸せ度』のほうが圧倒的に向上している」という結果が出たのです。

もらったお金を「他人のために使った」学生たちのほうが、圧倒的に「幸せ」になってしまった。

これ、「幸せ」の考え方が１８０度ひっくり返ってしまう大発見です。

だってそうでしょう。

普通、「幸せな生活」と言ったら、「お金をたくさん持っていて、何不自由無くゼイタクができる生活」のことです。

それなのに、お金を「自分のゼイタク」のためではなく、「他人の幸せ」のために使ったほうが、自分が幸せになる確率が高いというのです。

人間にとって、**「他人を幸せにすること」は、「自分が幸せになること」とイコール**だったのです。

この真理は、世界的な大富豪たちの行動を見るとよくわかります。

歴史上、巨万の富を得た人は、必ずしも幸せにはなっていません。

いや、どちらかと言うと不幸になっていることのほうが多い。

ある億万長者は、豪華な食事を続けたことによって健康を害し、「財産をダマし取られるのではないか」という疑心暗鬼から心の病になり、部屋から一歩も出られなくなってしまったそうです。

そんなふうにならないためにはどうすればいいか。

実はその答えが、「他人のためにお金を使う」なのです。

鉄鋼王カーネギーにしても、石油王ロックフェラーにしても、晩年は自分の財産を世のため人のために寄付しています。

それは、決して「カッコつけ」や「世間へのポーズ」なのではなくて、そうやって寄付することで自分の心が「幸せ」になったからなのではないでしょうか。

彼らもまた、「幸せをお金で買った」のです。

ちなみに、「成功者」と呼ばれる生涯を送った人が晩年に思うことは同じなのだそうです。

それは……。

「成功を目指す若者を支援したい」

成功者と呼ばれる人たちが、惜しげもなく成功の秘訣を若者に語るのは、そういう理由だったのですね。

さあ、あなたもお金で幸せを買ってみてください。

まずは明日、仲間に「いつも助けてもらっているから」と、3時のお菓子でも配ってみるのはいかがでしょうか。

第22夜

人は〇〇の数だけ幸せになれる

突然ですが、クイズです。

西洋の古いことわざです。〇〇の中に入る漢字2文字の言葉は何でしょう?

「人は〇〇の数だけ幸せになれる」

ヒント1　きっと、あなたも今までの人生で、何度もやっていることです。

ヒント2　ひとりではできません。

ヒント3　誰かと楽しく会っている時や、小さな「お祝い事」があった時にこれをします。

ヒント4　居酒屋ではたくさんの人たちがこれをやっています。

もう、おわかりですね。
答えは**「乾杯」**。

ある時は、友との再会を喜び。

ある時は、愛する人といる幸せを演出し。

ある時は、仲間と喜びを分かち合う。

こんなすばらしいこと、他にはなかなかありません。

言い方は違っても、「乾杯」という文化が、世界中にある理由がわかりますね。


お酒好きたちの間でカルトな人気を誇る『吉田類《よしだるい》の酒場放浪記』というテレビ番組があります。

これ、執筆家でイラストレーターでもある吉田類さんが、居酒屋に入って、酒と肴を楽しむだけの実にシンプルな内容の番組です。

入るお店はとくに有名店というではなく、庶民的な「これぞ居酒屋」ばかり。

吉田さんはカウンターに陣取ると、その店の雰囲気や「ご常連」たちが飲んでいるものから判断して、普通にビールや酎ハイなどをオーダーします。

日本酒のツウを気取らない、ざっくばらんさがイイ。

そして、この吉田さん。すでに先に飲んでデキ上がっている「ご常連」たちと**瞬時に仲良くなる方法**があります。

そうです。

それが**「乾杯」**なのです。


吉田さんは、1杯目のお酒が運ばれてくると、やおら店内のお客さんたちに向かって「それでは皆さん、よろしくということで乾杯させていただいてよろしいでしょうか?」と声をかけ、ひとりひとりと乾杯をするのです。

そうすると、それまでテレビカメラに少し緊張していたであろう「ご常連」たちが、急に打ち解けます。そして、「ここのオススメは……」と人気メニューを教えてくれたり、「これ、うまいよ」と言って、自分のつまみの皿を回してくれたり……。

たった一度の「乾杯」によって、あっという間に、吉田さんを「仲間」として受け入れてくれるのです。

「乾杯」には、他人同士を「仲間」にしてしまう不思議な力がある。
そして。
「人の幸せ」はすべて「人」が運んできてくれるもの。
ということは……。
この「人は乾杯の数だけ幸せになれる」という言葉。
実に理にかなった言葉なのです。

あなたの隣人と、人生に乾杯！

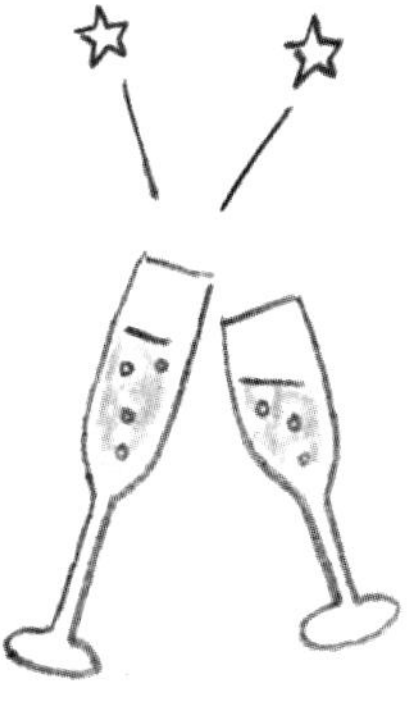

第23夜

人生最大の「恥」

往年のクイズ番組『クイズタイムショック』。

解答席が高くせり上がって、1分間に12問のクイズを出されて、それに答えて、正解の数が少ないとイスが回転してしまうという演出で人気を博したこの番組。

かつては、一般人が出場する番組でした。

私がこの『クイズタイムショック』に挑戦したのは、大学2年生の時。

当時のルールは、先週からのチャンピオンに、その週の出場者でトップの成績の人が挑戦するというもの。チャンピオンは5週勝ち抜くとグランドチャンピオンとして、賞金と海外旅行などの賞品をもらえました。

何しろ当時、同番組の視聴率は25パーセント近くあり、ただの一般人でも、5週間勝ち抜こうものなら、街でたくさんの人に声をかけられるという時代でした。今にして思えば、チキンハートだった私が、そんな恐ろしい番組によく出たものです。

しかし、この番組への出場によって思いがけず、私はある**「人生の宝」**を手に入れることになったのです。

本番当日。

渡された台本を見ると、なんと、私はトップバッター！

スタジオではトップバッターだけ、「リハーサル」で本番前に12問に挑戦できました。そこで11問も正解でき、これが、本番への自信になったのだと思います。

本番では司会の山口崇《たかし》さんから、「西沢さんはモノマネがお得意だそうで」と、番組に出たい一心でプロフィール用紙に書いた「趣味・モノマネ」について突っ込まれ、当時の人気映画解説者のモノマネをするという、身も（スタジオも、お茶の間も）凍る体験をしたものの、接戦を制してチャンピオン戦への挑戦権を獲得。

続くチャンピオン戦も勝って、新チャンピオンになることができたのです。

30分の休憩後、2週目分の収録となりました。

悲劇はこの2週目に待っていたのです。

番組がはじまり、私はチャンピオン席に座って、挑戦者たちへのクイズを頭の中で解くのですが、どうも、知っているはずのことがパッと思い出せない。

そう！　その日、リハーサルも含めてすでに3回も解答席に座り、「電池が切れちゃっていた」のですね。

体も頭もフワフワした状態のままチャンピオン戦になってしまい、結果は……。

たった3問しか解答できず、イスが回転！

視聴率25パーセントの中での、恥ずかしすぎる醜態。

しかしその後、私に何が起こったかというと……。

人前でもあまりアガらなくなったのです。

緊張はします。

でも、頭の中が真っ白になるほどアガることはなくなりました。

それは、**「ここで失敗したって、あの時の恥に比べたら、大した恥じゃない」**と思えるようになったから！

私が『クイズタイムショック』で得た「人生の宝物」。

それは、**人生最大の「恥」という宝物**だったのです。

大勢の前での大失態、とんでもないミス……。

誰にも、そんな**「思い出すだけで、顔から火が出そうになる」という体験の記憶**が、一つや二つは必ず、あることと思います。

でも、その体験を「度胸」という武器に変えられたなら……。

そう考えれば、「恥」も、決して捨てたものではありません。

むしろ、**「あの恥があったからこそ」**と誇ってもよいのかもしれませんね。

第24夜 最高の「アンチエイジング」

ある女性美容師の方の話。

彼女の知り合いに、何ごとについてもポジティブに考える明子《めいこ》（＝仮名）さんと、何ごとについてもネガティブに考える暗子《あんこ》（＝仮名）さんがいました。

2人で旅行に行って、同じ部屋に入っても……。

明子さんは、「まあ、広くて素敵な部屋！　とっても落ち着けるわ！」

暗子さんは、「殺風景な部屋ね、だから安い旅館は嫌なのよ」

その旅館で料理が運ばれてきても……。

明子さんは、「立派な船盛り！　新鮮そうなお刺身ね！」

暗子さんは、「私、カニが食べたかったのよね。この天ぷら、衣ばっかり……」

と、万事がこの調子。

いつもニコニコ顔といつもしかめっ面、明暗くっきりの2人。

美容師は、この2人とずっとお付き合いがあったのですが、40代の後半になって、2人の見た目にすごい違いが出てきたと言うのです。

明子さんは年の割に、ものすごく若い。

一方の暗子さんは、まるでもう60過ぎのように老けてしまったのです。

この美容師はこう言っています。


「老けないための、最高のお化粧品は、ポジティブシンキングです」


さて。

老けない人の秘密。お次は、アメリカのある経営コンサルタントの話。

そのコンサルタントが、ある時、義理のお母さんをニューヨークでのディナーに招待したのだそうです。

義母が住むのはコネチカット州。

隣接する州とはいえ、ニューヨークからはそれなりに距離があります。急な誘いだったこともあり、義母からの返事は残念ながら「不参加」でした。ところが。

この義母から「やっぱり、7時に行くから」というメッセージが届いたのです。

コンサルタントは、嬉しいと思うと同時に疑問を感じました。

そして、ディナーの席で、「どうして急に、考えを変えてディナーにきてくれる気になったのですか?」と義母に聞いてみたのだそうです。

聞かれたコンサルタントの義母が、微笑みながらはじめたのは次のような話でした。

「あなたからの誘いを断ったあとで、私、友達の言葉を思い出したの。

その友達はね、もう90歳を超えているというのに、明るくて元気いっぱいなのよ。

それでね、以前に私、彼女に『どうして、あなたはいつまでもそんなに元気なの?』って聞いたことがあるの。そしたらね、彼女はこう言ったの。

『実は、私には若さを保つ秘密が三つあるの。それはね……。

一つ目、あらゆるジャンルのいい本を読むこと。
二つ目、あらゆる年齢の人たちと付き合うこと。
そして、三つ目、イエスと言うこと』

その言葉を思い出したから、私もあなたのディナーの誘いに『イエス』ということにしたのよ」

ある程度の年をとると、急に老け込んでしまう人がいます。
一方、80歳や90歳になっても、見た目が若くてお茶目で前向きな人もいます。
将来、どっちに転ぶかは、どうやら「心がけ次第」なのです。

第25夜

「答えは二つに一つだ」と言われたら？

あることで迷っているあなた。

そのあなたに、したり顔の人がこう言います。

「右に行くか？　左に行くか？　答えは二つに一つだ。さあ、どっちにする？」

さて、その時、あなたはどう考えますか？


私なら、こう考えます。

「おまえなんかにダマされるもんか！」


これが算数の問題なら「答え」は一つだと思います。

でも、現実の世界では、解決の選択肢がたった二つしかないなんてありえない。

「答えは二つに一つしかない」というのは、あなたにそれを言っている人の思い込みでしかありません。

もし、そうでなければ、二者択一にすることで、巧妙にあなたをダマそうとしているのです。

「選択肢がたった二つ」なんて大ウソです。

そんなことを真顔で言って迫ってくる相手は疑ったほうがいい。

もしかしたら詐欺師かもしれません。

「右に行くか？　左に行くか？」という場合だって、「真ん中を突っ切る」「引き返す」「行く前に誰かにどっちへ行ったらよいか聞く」など、選択肢は他にいくらでもあります。


その人が参加すると会議がうまく進んで、よい結論が出るという人がいます。

名前は会田博之さん（＝仮名）。

この会田さん。自身が取り立てて「いい意見」を言うわけではありません。

むしろ、会議中はほとんど発言しない。

聞き役に回って、ノートにサカサカと何かをメモっている。

それが、会議時間がそろそろ無くなるという頃になると、突然、手をあげて、こんなことを言うのです。

「今まで出た意見をまとめると、Aさんが言うように○○は××にしたほうがよさそうですね。それから、□□についてはBさんが言うように今は保留にしたほうが無難。そして、Cさんの言うように半年は様子を見るということでどうでしょう。

残りの課題については、腹案がありそうなDさんに次回、プレゼンテーションをしてもらいませんか」


そうです。

会田さんは、いろいろな人の意見から、一番よい部分をセレクトしてまとめるのがとてもうまいのです。

もし、会議でBさんとCさんの意見が真っ向から対立しても、どちらかの意見に賛成するのではなく、BさんとCさんの意見の「よいところ」を抽出して、合体させてしまうのです。

18ページの話にも登場した、『7つの習慣』の著書であるコヴィー博士は、こう言っています。

「意見が違う人の話を聞くから、思わぬ発見があり、シナジー効果が生まれる」

コヴィー博士の言う「シナジー効果」とは、「相乗効果」のこと。

二つの異なったものを合わせることで、**「1＋1＝2」ではなく、答えを3にも4にもしていく**効果のことです。

会議をまとめる名人だった会田さん。

会田さんが『7つの習慣』を読んでいたかどうかは、今となってはわかりません。

第26夜 天職の入口

小学生の頃。

私は、自分が描いた漫画を友達にまわし読みしてもらっていました。

漫画と言っても、本格的にペン入れをしたものではなく、鉛筆で描いただけのもの。

ラフなタッチのものを、ノートに描いては、友人たちに読んでもらっていたのです。

漫画の内容はと言えば、何しろ小学生ですから、自分が観たり読んだりした「面白かったモノ」をパクッた……ではなくリスペクトしたものがほとんど。

たとえば……。
○人気テレビドラマ『太陽にほえろ！』のパロディで『太陽にさけべ！』（＝主人公

の刑事は最後に必ず殉職し、毎回違う主人公が登場する漫画でした）。

❍藤子不二雄Ⓐの漫画『魔太郎がくる!!』のパロディで『死太郎が行く!!』（＝クラスにもうひとり漫画が得意なT君がいて、その子は『与太郎がくる!!』を執筆。２人で、『死太郎　対　与太郎』という合作漫画も描きました）。

❍映画『荒野の七人』のパロディで『荒野の七人』（＝タイトルはそのままですが、集められる7人は手塚治虫、バカボンのパパなどとんでもないメンツ）。

などなど。


このまわし読み。

小学5年生までの読者は、「同じ小学校のクラスの友達」だけでした。

しかし、小学6年生になると、突然、グローバルな広がりを見せます。

そのきっかけは、私が近所の学習塾に通いはじめたこと。

学習塾で知り合った、別の小学校の深森君（仮名）が、私の漫画を気に入ってくれ、「（週2回の塾の日に）僕のノートを渡すから、漫画を描いてもどしてほしい」という執筆依頼（笑）をしてくれたのです。

私は、自分のために新しいノートを出してくれるという申し出が嬉しくて快諾。小学5年生にして、週2回の「締め切り」を抱えることになってしまったのです。塾に行く前の日は、鬼のようなスピードで漫画を手描きしていました。「そんなヒマがあったら予習でもしなさい」という声が聞こえてきそうですね……。

私が今、こうして本を書いているのは、きっと、この小学生時代に「自分が書いたものを、読んだ友達が面白がってくれる」という「喜び」を知ってしまったからなのだと、今になって思っています。

幼い時に「夢中になったこと」「嬉しかったこと」「楽しかったこと」――そんなことが、今の仕事を選ぶ「原体験」だった、という人がいます。

誰でも一度くらいは、「自分探し」で迷った時期があるでしょう。

ですが人は実は、**子どもの頃に、すでに〝天職の入口〟と出会っている**ことが多いのです。

「自分が何をやりたいのかわからない」と悩んでしまったら、

「子どもの頃、夢中になっていたこと」

を思い出してみるといいのかもしれません。

第27夜

口ベタなのに売れ続ける営業マン

『死ぬ気で働く営業マンだけがお客様に選ばれる』（早川勝著／かんき出版）という本に出てくる某自動車ディーラーの元営業マン……というより、著者の早川さんの義理のお兄さんの実話です。


早川さんのお義兄さん、はっきり言って「口ベタ」。

性格は「クソ」が付くほど「真面目」で、「バカ」が付くほど「正直」。

そして、「お人よし」。

そんな「不器用」なお義兄さん。

にもかかわらず、なんと、営業として、216カ月（＝18年）連続で営業目標クリアというとんでもない偉業を達成しているのです。

営業マンの営業目標のノルマって「達成すればするほど」どんどんハードルが上がります。

達成しても、達成しても、次にはもっと大きい数字がノルマとして課せられる。

目標を毎回クリアし続けるのは、本当に至難のワザ。

にもかかわらず、連続達成記録はお義兄さんが店長に就任するまで続いたのです。


いったい、どうしてそんなことができたのでしょう。

最初に言ったようにこのお義兄さん、本当に口べタなのです。

何しろ、営業職へ異動する前は車の整備や修理が専門のサービスマンで、毎日、油まみれになって、お客さんと話す機会すらなかったのですから。

あなたには、彼がそんな偉業を達成できた理由が想像できますか?

答えは**「彼が〇〇だったから」**

〇〇の中に入るのは漢字2文字です。

口べタで不器用な彼が、18年連続売上目標クリアという離れワザを達成できた理由。

それは……。

「誠実」だったから。

このお義兄さん。

お客さんから「車が故障した」と聞けば、夜中でも休日でも笑顔で駆けつける。

お客さんの家族が車を探していると聞けば、たとえ1円の得にもならなくても、中古車や、時には他のメーカーの車でも安く手に入れられるように手を尽くす。

他にも、「駐車場探し」や「ローンの相談」はもちろん、車とはまったく関係の無い「病院施設の紹介」「家屋の修繕」などなど……。

「お客様が困っている」と知ると、どんなことでも親身になって相談に乗り、力になったのです。

お客にしてみれば、もう**「車のセールス」などというワクをはるかに超えた「よき相談者」、オーバーに言えば「人生のパートナー」**のような存在。

そんな彼から、車を買わないわけがありません。

彼のもとには、お客のほうから次々に「あなたから車を買いたい！」と注文が入ってきたのです。

しかも、そのお客がまた、新しいお客を紹介してくれる……。

こうして彼は、強引な「売り込み」を一切しないにもかかわらず、上がり続けるノルマを18年間もクリアすることができた、というわけです。

「口ベタ」にもかかわらず営業時代、天下無敵だったお義兄さん。

その最大の武器は「誠実さ」。

そうです。

お義兄さんが営業時代に**売っていたのは「車」ではなく「信頼」**だったのです。

「人の心をつかむもの。それは『誠実』である」（ビル・ゲイツ）

第28夜

美しき2位

オリンピックなどの中継で、優勝した選手が喜んでいる姿というのは、観ていてとても気持ちがよいものです。

積み上げてきた、血のにじむような練習が、実を結んだ瞬間です。

全身から喜びがほとばしっています。

でも、私には、優勝した選手の姿を観るよりも、もっと好きなシーンがあります。

それは、**惜しくも優勝を逃がした2位の選手が、優勝した選手に、握手やハグを求めるシーン。**

競技によっては、ほんのわずか0・01秒とか、数センチの差で2位に甘んじることがあります。

「コイツさえいなければ優勝できたのに……」

私なら、そう思ってしまうかもしれません。

だって、ずっと苦しい練習をしてきて、手を伸ばせばもう少しで金メダルに届くところまできていたのに、スルリと持って行かれてしまうのです。

くやしくないわけがありません。


それなのに……、くやしいに決まっているのに。

敗れ去った次の瞬間に、優勝者に対して笑顔で握手を求める姿。

それはもう、神々しいほどに美しくて清々《すがすが》しく見えるのです。

その時の2位の選手は、いったいどんな気持ちなのでしょう?

「死に物狂いで練習してきたオレに勝つなんて、どれだけ練習してきたんだ。すごいなオマエ。おめでとう」と思っているのでしょうか?

「私も自分が強いと思ってきたけど、あなたの強さに心から敬意を表します。おめでとう」という思いなのでしょうか?

アスリートではない私には想像することしかできません。

ああ、そうか！　私も大舞台で2位になったことがありました！

かつてのテレビ番組『アメリカ横断ウルトラクイズ』で、自由の女神像があるリバティ島での決勝戦で敗れ、2位になったことがありましたっけ。


あの時の気持ち……。

考えてみればくやしさよりも、清々しさだったかもしれません。

すでに、「ウルトラクイズでニューヨークへ行く」という夢は実現していましたし、決勝の相手は自分よりもはるかに実力者で、「胸を借りる」というくらいの気持ちで決勝に臨んでいましたから。

司会者が優勝者にインタビューをしている時、私は「もうカメラには撮られていないな」と思って、自由の女神のほうを振り返り、感謝の敬礼をしました。

それは、「ウルトラクイズに出たい！」という夢を見続けさせてくれた女神へのお礼。そして、こんなすごい番組を作ってくれたスタッフへのお礼。

そして、すばらしい決勝戦を戦えた相手へのお礼……。

そんな感謝の思いから、心の中で「ありがとう」とつぶやきながら女神に敬礼をした時は、とても満ち足りた気持ちでした。

（実は私が敬礼しているシーンも、バッチリ撮られていて、オンエアされてしまったのですが……）

そうか、**やり切った時の2位**は、あんな気持ちで勝者と握手やハグするのか……。

本気で勝負するということは、大きな夢を追うということ。

そんな夢を見させてくれた相手に、一緒に夢を追った相手に、たとえ敗れたとしても……こみ上げてくるのはまさに、**清々しい〝感謝の思い〟**なのですね。

第29夜 「おはようございます！」のあとで

某航空会社で26年間、CAとして勤務され、現在は「コミュニケーション術」や「接客」に関するアドバイザーをされている水橋史希子《みずはししきこ》さん。

今夜のお話は、彼女が「チーフパーサー」だった頃の経験談。


「チーフパーサー」とは、飛行機における客室の責任者。

そのフライトでCAたちをまとめるリーダー役です。

彼女によると、フライトのメンバーはその日に初めてチームを組むというケースが多く、「チーフパーサーによって、そのフライトの雰囲気は決まる」のだとか。

つまり、怖いチーフパーサーの時はフライト中、ピリピリムードになってしまうのですね。

彼女はずっと、そんな「後輩に厳しい先輩たち」の態度に疑問を感じていました。「叱られた後輩がトイレで泣くような厳しい接し方より、リラックスしてもらう接し方のほうが、よい仕事につながるはずだ」と考えていたのです。

ですから、彼女は、自分がチーフパーサーになってからというもの、常に「チームのコミュニケーションをいかに取っていくか」を考えていたそうです。

そんな水橋さん。

朝一番のフライトで、飛行機に向かう前にCA全員が集まって行なう早朝のブリーフィング（＝打ち合わせ）のあいさつでは、「おはようございます！」のあとに、メンバーの緊張をほぐす「ひと言」を加えていたそうです。

もちろん「早朝のフライトですが、皆さん、気合いを入れてミスなくキッチリ行きましょう！」と、心を引き締める言葉も必要かもしれません。

しかし、それではムダにメンバーを緊張させてしまいます。

彼女が、早朝のブリーフィングの挨拶で、メンバーをリラックスさせるために「おはようございます！」のあとに言っていた言葉。それは……。

「朝早くて眠いですよね」

この言葉を聞いた瞬間の、メンバーの緊張が解ける姿が目に浮かぶようですね。

水橋さんは言います。

「フライトのメンバーには、その緊張を適度にほぐすよう、こちらから積極的に言葉の種まきをしていました。自分自身の経験から、緊張しすぎることはミスにつながり、接客にいい影響は与えないと、強く感じていたからです」

彼女が、朝のあいさつで**「ひと言の魔法」**を使って、自ら仲間の緊張をほぐすと、自分に声をかけやすい雰囲気が生まれます。

「メンバーのコミュニケーションがうまく取れているフライトでは、ミスが起こらないのです」と水橋さん。

時々、リーダーになったとたん、勘違いして「命令口調」で部下を叱咤《しった》しはじめる人がいます。

「目標を達成するまでは、自分は鬼になる」という強い意志があるのならよいのです。

でも、中には「自分がエラくなったという勘違い」や「リーダーとしての自分に自信が持てない」といった思いから「リーダー風」を吹かせてしまう人がいる。

大切なのは、メンバーに120パーセントの力を発揮してもらうことなのに、自身の緊張で全体のパフォーマンスを低下させてしまう。

悪循環ですよね。

そんな人を反面教師にして、「ひと言の魔法」が使える人になりたいものです。

では、もう一つ、水橋さんが京都の老舗旅館へ行った時に、下足番をしている年配の女性からかけられたという「緊張をほぐす魔法のひと言」の話。

その旅館の玄関で、水橋さんが脱いだ長いブーツが、ぱたっと横に倒れたそうです。

それを見た下足番の女性。温かい口調でこう言ったのだとか。

「あらまあ、ブーツもお疲れのようですなあ」

なんだか、心がほっこりとする、ひと言ですね。

第30夜

人が一番カッコいい瞬間

テレビ番組を観ていて、「毎回毎回、ここを観るのが好き」という一瞬があります。

たとえば。

『踊る!さんま御殿!!』という番組の最後、マシンガントークを終えた司会の明石家さんまさんが、舞台裏で1杯の水を飲むシーン。

ひと仕事終えたプロが、甘露《かんろ》の水を飲み干す姿は、実にどうもカッコいい。

このシーン、たぶん最初は何気なく流していたものが、いつの間にか定番になってしまったのではないでしょうか。

それから『笑点』で、大喜利の時、メンバーが音楽にのって登場し、座布団に座り終わったあと、最後に出てきた司会の桂《かつら》歌丸《うたまる》さんが、音楽が終わる瞬間に演台をパンと叩いて座る瞬間もカッコいい。

歌丸さん曰く、あれ、音楽が終わる瞬間に、ピタリと合わせて座るのがなかなか難しいのだそうです。

こちらは、さんまさんと逆で、**「これからひと仕事だ！」という気合いを入れている姿**がイイ。


少し……ではなく、かなり古い番組で恐縮ですが、かつての大人気番組、『8時だョ！　全員集合』にも、そんなカッコいいシーンがありました。

『8時だョ！　全員集合』は言うまでもなく、ドリフターズによる公開バラエティ番組。

最高視聴率は50パーセントを超えたというのですから、まさにお化け番組でした。

私が好きだったのは、この番組のラストで、リーダーのいかりや長介さんが**「また来週！」と手を振る瞬間**です。

いや、正確には、手を振り終わった瞬間。

この時の表情が、まさに「プロがひと仕事終えた顔」だったのです。

子ども心に「カッコいい」と思いました。

毎週、この表情を見るのが大好きでした。


大人になってから知ったことですが、このいかりやさん、「笑いの鬼」だったそうです。

完璧主義者で、ストイックに笑いを追求するタイプ。

コントの台本を練りに練って、「これで面白くないわけがない!」というレベルまで持っていくのです。

何しろ、『8時だョ! 全員集合』は生放送です。

仕掛けを多く使ったコントなので、セリフ忘れや間を外すことは許されません。

コントの練習は、毎日のように昼間から深夜まで。

企画会議も、毎回、何時間にも及んだのだとか。

私の友達は、子どもの頃、『8時だョ! 全員集合』の公開生放送を観に行ったことがあるそうです。

その時の感想を聞くと、「テレビで観るのと、まるっきり一緒だった！」とのこと。

実はいかりやさん、テレビの視聴者が公開放送を観にきてくれた時、違和感が生じないように、カメラの位置や映し方までちゃんと計算していたのだそうです。

そこまでやることをやって、自分を追い込んで生放送の本番に臨んでいたからこその、「番組終わりのあの表情」だったのですね。


仕事をはじめようと気合いを入れた時。

そして、**仕事をやり切った時。**

自分は、さんまさんや、いかりやさんのような表情をしているだろうか……。

もし、あなたがあんな表情をしているなら、あなたは仕事が充実している人ですね。

目覚めがよくなる章

思わず「うふふ」と笑顔になれる話

第31夜 「笑い」の色は、何色？

以前に「外国人にひと言だけ日本語を教えるなら、『どうも』がいい」と聞いたことがあります。

たしかに「どうも」って、あいさつにもお礼にも謝罪にも使えます。「どうもこんにちは」「どうもありがとう」「どうもすみません」の頭の部分なのですから、とても便利ですね。でも、世の中にはもっと便利な「世界共通語」があるのです。

それは……。

「笑い」

Smile is a world language.

笑顔はまさに世界共通語。

親愛の情を相手に伝える、「一番簡単でありながら究極の手段」です。

ではここで質問。

あなたは、笑いの「色」が何色か、ご存じですか？


えっ？

「笑いに色があるのか？」ですって？

それが、あるらしいのです。

ほら、ウソだって、「真っ赤なウソ」なんて表現するではありませんか。

江戸時代研究家の故・杉浦《すぎうら》日向子《ひなこ》さんによると、「笑い」に関する言葉には、ある色が使われることが多いのだそうです。

あなたには何色かわかりますか？


じらさないで、もう答えを言ってしまいましょう。

「笑い」の色。

ズバリ、それは**「茶色」**。


「茶かす」「お茶らける」「お茶目」「茶々を入れる」。

ほら。笑いに関する言葉を集めてみると、たしかにみんな茶色です。

この、実際には色がないモノに「色を感じる」のが脳の不思議なところです。


「茶」という言葉には、「色」の他に、もちろん飲み物の「お茶」の意味もあります。

人をもてなす時は、お茶を入れます。

体や心が疲れた時、1杯のお茶で癒されることがあります。

もてなしに使われ、疲れを取ってくれる「お茶」。

この**「お茶」の効用と、「笑い」の持つ効用が同じ**なのはなかなか面白い。

「客人を歓迎する時」「緊張している人の心をほぐす時」「初めて会った相手と仲良くなりたい時」。

1杯のお茶を差し出すのと同じように、私たちはその相手に「笑顔」で接します。

「笑顔の色」が「茶色」だというのは、もしかしたら偶然ではないかもしれませんね。

およそ、**「笑顔」ほど、他人《ひと》をホッとさせるものはありません。**

そして、人を笑わせる人は、誰からも好かれる人。

ピンチの時、笑いでまわりの緊張をやわらげてくれる人は、チームの宝です。

あなたは自分の笑顔で、まわりの人たちを笑顔にしていますか？

最後に。私がある人に雑談で「『笑い』の色って茶色なんだよ」と話したら、その人、こんなことを言って納得していました。

「そうか、だから元ドリフターズのカトちゃんは『加藤茶』っていう芸名なのか！」

それは……違うと思う……（笑）。

第32夜 「見て！　見て！　お母さん！」

夏目漱石は「I Love you」を「月がきれいですね」と訳したそうです。

そう、大好きなあなたと一緒だから……。
粋《いき》ですね、漱石。

作家の伊集院静さん。
真夜中に執筆をしていると、飼い犬がうるさく吠えて集中できない。
しかたなく犬を連れて庭へ出る。
見ると、雨の中で、めったに見られないムクゲの花が美しく開いている。
犬に、文句ではなくお礼を言う。

「おまえが吠えなきゃ、見逃すとこだった。ありがとうよ」

さて。

今夜は、**「感動の共有」**についてのお話。

「異性と仲良くなる方法は、たとえば一緒に吊り橋を渡るようなハラハラドキドキ体験をすること」だと、よく言われますね。

この効果は「吊り橋効果」などと呼ばれています。

だから、好きになってもらいたい相手がいたら、2人で映画などへ行って、一緒にハラハラしたり感動して泣いたりするのがいい。

まあ、「一緒に映画に行けるほど親しかったら世話はないじゃん」というイチャモンはとりあえず横に置くとして、これこそ「感動の共有」の効果ですね。

街角で、小さな子が「見て見て、お母さん！」って言っていることがあります。

3歳くらいの子にとっては、見るモノ聴くモノ、すべてが生まれて初めてだったりするので、そりゃーもう世の中は驚きに満ちているわけです。

たとえば、3歳の子が、ご主人と散歩している犬が服を着ているのを生まれて初めて見たとしたら……。

その子にとっては、「世紀の大発見」です。

「こっ、これはお母さんに報告しなければ!」

そう思って、大声で「見て! 見て! お母さん!」と繰り返します。

でも、井戸端会議のおしゃべりに夢中なお母さんはまったく相手にしてくれない。

そうこうしているうちに犬はどんどん行ってしまいますから、いよいよ男の子のボルテージは上がります。

「お母さん! ほら! ほら!」と、もう絶叫している。

するとお母さんに「うるさいわね、静かにしなさい!」と一喝《いっかつ》されて、とうとう泣き出してしまう……。

実際に、これに似た場面を私は何度も目撃しています。

そのたびに「あら、ホントに可愛い犬ね。ピンクの服なんて着ちゃって」と反応してあげればいいのに……と他人事ながら思ってしまいます。

この親の反応の違いが、子どもの将来を変えるような気がしてなりません。


さて。

この**「感動を共有してあげるかどうか」**は、子どもにかぎった話ではありません。

たとえば、職場で誰かが、初めてハワイへ行った話をはじめた時。

何度もハワイに行っている人は、つい、話を真剣に聞いてあげなかったり、「あっ、あそこね」と話の腰を折ったりしてしまうもの。

そこをグッと我慢して、「へー、すごいねぇ」と興味深げに聞いてあげる。

行ったことがあるのを隠す必要はないけれど、「私が行った時は雨だったよ。晴れていてよかったねぇ」と、感動を分かち合ってあげる。

そんな、些細《ささい》なことをできる人が、男女を問わずに「モテる人」なのだと思います。

仲良くなりたい人がいたら、この「感動の共有」を意識してみてくださいね。

第33夜

オチのないジョーク

「赤い洗面器の男」というジョークをご存じですか？

これ、三谷幸喜さんの脚本にときおり登場する、オチのないジョークです。

『古畑任三郎』や『王様のレストラン』などの作品に出てきます。

それは、だいたいこんなお話。

ある晴れた日。

道の向こうから、赤い洗面器を頭にのせた男が歩いてくる。

洗面器の中にはたっぷりの水。

男はその水をこぼさないように、ゆっくりゆっくり歩いてくる。

「なぜ、頭に赤い洗面器をのせて歩いているんですか？」と聞くと、
男はこう答えた……。

……と、いつもここまで話したところで、何かしらの邪魔が入ってオチがわからないというもの。

ジョークのオチがなかなかわからないという、手の込んだジョークです。

ある作品の中では、このジョークを語っている人物がオチの部分で詰まってしまい、まわりから「それで、男は何と答えたんだね？」と詰め寄られて、「わ、忘れちゃいました……」と言って真っ赤になる……というシチュエーションまで存在します。


さて。

ここからが今夜の本題。

ジョークのオチって、「論理的な思考」や「発想の転換」、そして、「考え方の飛躍」も必要です。

そ・こ・で。
この**「オチのないジョーク」のオチ**を考えてみてはいかがでしょうか?
ものすごく、「頭の体操」になるはず。
では、まず私から、いくつか考えてみましょう。

ある晴れた日。
道の向こうから、赤い洗面器を頭にのせた男が歩いてくる。
洗面器の中にはたっぷりの水。
男はその水をこぼさないようにゆっくりゆっくり歩いてくる。
「なぜ、頭に赤い洗面器をのせて歩いているんですか?」と聞くと、
男はこう答えた……。

解答例1
「赤い洗面器だって? サーモンピンクって言ってくれよ!」

解答例2
「そう言うあんたは、なんで青いタライを頭にのせてるんだい？」

解答例3
「きのうの晩、黄色いほうを壊しちゃってね……」

解答例4
「あっ、頭にのせてたのか！　無くしてずっと探してたんだ」

解答例5
「あなたには見えるんですね……この洗面器が……」

考えてみると、なかなかいいオチって浮かばないものですね。できの悪いオチなら、10や20は簡単に出てきそうですが……。あなたも、ぜひ考えてみてください。

第34夜

人気料理研究家が失敗したら……

たとえば、大好きな人を自宅に呼んで、おもてなしの料理を作っていたのに、ものの見事に大失敗してしまったら、あなたはどうしますか？

これはそんなお話。

アメリカで絶大な人気を誇る料理研究家にレイチェル・レイという人がいます。テレビの料理専門チャンネルで複数の番組を持ち、アメリカ人で知らない人はいないというほどの人気者です。

ところがこのレイチェルさん。料理はかなりいい加減。

「市販のバニラアイスにチョコレートをかけただけ」とか、「サラダのドレッシングにピーナッツバターをまぜただけ」など、「そんなの料理じゃないだろ！」とツッコミたくなるものでも平気で作ってしまいます。

缶詰も冷凍食品も、使い放題なのですね。

実は彼女。もともと高級食材店の売り子さんでした。

そして、その売り子時代に、お客さんが皆、できあがったお惣菜ばかりを買っていくのを目の当たりにしてこう思ったのです。


「皆、時間が無いのね」


それで、「簡単にできる料理教室」を立ちあげてみたら、これが大当たり。本を出版し、気が付けば大人気料理研究家になっていた……という経歴の持ち主なのです。

そんな経歴ですから、番組では、「誰にでも簡単にできるもの」しか作りません。

そして、放送時間の30分以内の料理は常にリアルタイム。

「こちらに加熱済みのものがあります」なんていうズルはいっさいナシ。

「リアルタイムで料理を作って、失敗はしないの?」ですって?

はい。もちろんちょくちょく失敗するそうです（簡単な料理ばかりなのにね……）。

そんな時、このレイチェルさん。

大きな口でニッコリして、こう言うのだそうです。

「はははは̶、ドジっちゃった̶！」


そう言ってペロリと舌を出すというのですからいい加減ですね。

でも、このアバウトさが彼女の人気の秘密のような気がします。

堺正章《さかいまさあき》が「巨匠」となって料理を作る長寿番組『チューボーですよ！』。

あの番組も、料理が成功して、堺さんが「いただきました！　星、三つです！」と言う時より、料理が黒焦げになったりして、「いただきました！　星、ゼロです」と言う時のほうがオモシロイ。

そう。どっちも、失敗した時の「笑って許して～」という感じが人間らしくて魅力なのです。


余談ですが、リハーサルを何度も繰り返し、本番は秒刻みで進行する『紅白歌合戦』だって、面白いのは「司会者のトークが20秒も延びた」という事態に陥った時。一度くらい、大ハプニングが起こって、進行がグダグダになる『紅白歌合戦』を観てみたい。

最後に司会者が「これにて厄落とし！　来年はイイ年になりそうですねー、皆さん！」なんて言ったら、きっと、伝説の回になると思うのですが……。

閑話休題。

つまり、誰からも愛される人は、サザエさんのように結構ドジ。

失敗したあとのリアクションがキュートな人がモテるのです。

彼のために料理を作って、大失敗してしまったなら、「あなたに食べてもらおうと思って頑張ったけど……失敗しちゃった。てへっ」と言ってペロリと舌を出せばいいのです。これでもう彼はイチコロっす（笑）。

仕事だって、失敗した時が**「素直に謝って評判をよくする大チャンス」**です。

さあ、この法則さえ知っていたら、明日からは失敗を恐れることはありませんね。

第35夜 「ジェニファー！　ノン！」

アメリカで大ヒットし、日本でもベストセラーになった本、『フランス人は10着しか服を持たない』（ジェニファー・L・スコット著　神崎朗子訳）。

書店で初めてタイトルを見た時は、ファッションに関する本かと思いましたが、ぜんぜん違いました。

著者のジェニファーさんはアメリカの南カリフォルニア大学の女子大生（＝執筆当時）。パリにある大学に留学することになった彼女は、パリ在住の元貴族、ムッシュー＆マダム・シック（仮名）家でのホームステイをはじめます。

この本は、ムッシュー＆マダム・シック一家の、シンプルでエレガントな生活ぶりに魅了された彼女が、そんなフランス流のライフスタイルをアメリカ人たちへ提案する「プレゼン型エッセイ」でした。

さて。

今夜のお話は、この本に出てくるジェニファーの「身の毛もよだつ恐怖の体験」。

ある日、ひどい寒気に襲われ、どうやら風邪をひいてしまったジェニファー。

マダム・シックは、コンソメスープなどを作り、看病してくれて、とても優しい。

そして、ジェニファーはマダムから渡された体温計を口にくわえます。

と、その瞬間、普段は冷静なマダムが両手をバタバタさせて、言葉が出ないほどの大あわてぶり。

やっと出てきた言葉は。


「ジェニファー！　ノン！」


ポカンとするジェニファー。マダムは言葉を続けます。

「その体温計は、口で測るんじゃないの！　それは……」

マダムはおずおずと自分のお尻を指さす。

なんと！　フランスでは、体温を肛門で測るのが一般的だったのです！

思わず、体温計をロケット発射のように吐き出すジェニファー。

それを見たマダムは、弾けたような大笑い。

笑われたほうのジェニファーは、風邪が吹き飛んでしまうくらいの大ショックを受けたのでした（この日の夜には冗談が言えるくらいまでには回復したそうです）。


この恐怖の体験（笑）を通して、ジェニファーは言っています。

「訪ねる国の習慣を知っておいたほうが賢明」


この話。

「コミュニケーションは相手の習慣や考えを理解していないと、時として大変な悲劇を生む」ということを教えてくれます。

たとえば、もし、逆にフランスからアメリカに留学してきた相手に、いきなり体温計を口にくわえさせようとしたら、死ぬほど抵抗されることでしょう。

親切でやっているのに、とんでもないイジメだと思われてしまうかもしれません。
そうなってしまったら本当に悲劇です。

習慣を知ることは、相手を知ること。

異文化だけでなく、友達も仕事仲間も夫婦も同じ。
故郷の数だけ、そして生まれ育った家庭の数だけ「習慣」があります。
それぞれの人の「習慣」は、自分の「習慣」とは異なることをまず理解しましょう。
そして、自分と違う「習慣」を受け入れましょう。
「コミュニケーション」は、相手を受け入れることからが、はじまりなのです。

第36夜

コックリさんの大予言

私が小学生の頃、クラスで「コックリさん」が大流行しました。

ごく簡単に説明すると、コックリさんは「10円玉にコックリさんが憑依《ひょうい》して、未来を予言してくれる」という怪異現象。

やり方は以下の通り。

○「はい」「いいえ」「鳥居のマーク」「あいうえおの50音」そして「0から9までの数字」を描いた紙をテーブルの上に広げる

○所定の場所に10円玉を置いて、2～3人でその10円玉に人差し指をそえる

○「コックリ様、コックリ様、おいでください。おいでになりましたら『はい』へ移動してください」とかなんとか唱える

そうすると、10円玉が勝手に動き出して、50音や数字に移動して質問に答えてくれるのです。

科学的には、自己暗示によって誰かが動かしてしまっている……と言われています。

今夜は、このコックリさんの体験談を。

「コックリさん」がクラスでブレイクしていた小学生当時、私もよく友達とやりました。

実際に自分がやっている時、10円玉には誰も力を入れているようには見えないのに、あらぬ方向にスルスルと勝手に移動しているように感じました。

あきらかに、誰かが動かしているのとは感覚が違う。

どうもホンモノっぽい。

そこで私はとんでもないことを思いついたのです。

「コックリさんの予言がホンモノかどうか、アニメの続きを予言してもらおう！」

そこで、白羽の矢を立てたのが『宇宙戦艦ヤマト』でした。

物語の続きを予言してもらって、見事に当たれば「コックリさん」を信じてもよいのではないか……という考えです。

以下、私の質問と実際のコックリさんの回答。

「来週あたり、ドメル将軍の軍とヤマトは戦うと思いますが、来週、ドメルは死にますか？」

「シ・ナ・ナ・イ」

「来週、ドメル将軍の軍とヤマトは戦うのですか？」

「タ・タ・カ・ウ・ケ・ド・タ・タ・カ・ワ・ナ・イ」（何それ？）

「えーと、ではドメルはいつ死ぬのですか？」

「ツ・ギ・ノ・ツ・ギ・ノ・ツ・ギ」

結論から言うと、この予言はすべて当たりでした。

次の回では、ドメル将軍はヤマトと直接戦わず、ワナにかけようとします。

つまり、「戦うけど戦わない」だったのです。
ドメル将軍が戦死する週もズバリ的中！
聞く私も私ですが、正解してくるコックリさんもなかなかどうしてツワモノ。
この体験によって、実は私は今も「コックリさん」を半ば信じているのです。
それにしても、子どもの頃はこうして「妖怪たち(?)」と簡単に交流ができました。
はたして、今、コックリさんをやったら10円玉は動いてくれるのでしょうか？
きっと、もう動いてくれないような気がします……。

第37夜

なぞの言葉、「わい」

以前、伊豆の海岸沿いに建つ食堂に友人たちと入った時のこと。

壁に短冊でペタペタと貼られた品書きを見ながら、友人のひとりが**「サメの子どもって食えるの？」**とつぶやいたのです。

「えっ？　サメの子？　何それ？」

「だって、壁の『オススメ』に書いてあるからさ…」

彼の目線の先を見ると、そこにはこんなお品書きが。

『オススメ　餃子』

「鮫《さめ》の子」じゃなくて、「餃子《ぎょうざ》」じゃん！

サザエやエビなどの「海の幸」のメニューにまざった突然の中華メニューに、頭がついていかなかったのですね。

手書きメニューの読み間違いでは**「ケケの子」**という話も聞いたことがあります。

ヨコ書きのメニューに、「ケケの子」という聞いたことのない料理を見つけたお客さん。

店員に、「これを……」と興味津々でオーダーします。

ワクワク待つこと10数分、彼のもとに運ばれてきたのは……**「竹の子」**だったそうです。


さて。

今夜は、そんな「読み間違いの悲喜劇」のお話。

アナウンサーの世界には、**「旧中山道（きゅうなかせんどう）」**を**「一日中山道（いちにちじゅうやまみち）」**と読んでしまったという伝説的な読み間違いがあると聞きます。

これも、原稿がヨコ書きだったために起こった悲劇ですね。

逆のパターンもあります。

ニュース原稿がタテ書きで書かれていたために、アナウンサーが**「イカの姿焼き」**というところを、**「イカの次女焼き」**と読んでしまったという実話があるそうです。

「次女焼き」ってあなた……。


最後は、他ならぬ私が「読み間違えて」恥をかいた話。


小学校の国語の授業で、先生が生徒に「○○君、1ページ目の3行目から読んで」と言うことってありましたよね。チキンハートだった小学生の頃の私ですが、なぜかこの「朗読」は大得意でした。

そんな得意の朗読で大恥をかいた作品は、忘れもしない壺井《つぼい》栄《さかえ》の『柿の木のある家』。

主人公一家のおじいちゃんの長いセリフの最後に、落とし穴は待っていました。

一気に読んでいき「〜なことはない」とおじいちゃんのセリフを読み終えて、ページをめくった私の目に飛び込んできたのは、**「わい」**という意味不明な二文字。

んっ？　なんだ、この「わい」って？　と思う私。

そうです。

おじいちゃんが「〜なことはないわい」と言ったセリフの最後の「わい」だけが、次のページに渡っていたのです。

内心、「えーっ！」と思いながら、しかたなく、続きを読む私。

「〜なことはない！　……………わい」

絶妙の間で、教室内は大爆笑。

ああ、今、思い出しても恥ずかしい……。

私は今でも、とんでもない読み間違いをやらかして赤面するアナウンサーを見ると、あの日の読み間違い（というより教科書の編集がアコギ……）を思い出すのです。

第38夜 「ボケ・ツッコミ子育て法」

タレントの関根麻里《せきねまり》さんのエッセイ『上機嫌のわけ』に、お父さん、つまり関根勤《つとむ》さんが自分をどのように育てたかという裏話が出てきます。

これがなかなか痛快なのでご紹介します。

まだ麻里さんが幼かった頃、関根勤さんはよく麻里さんに絵本を読んでくれたそうです。

でも、そこはあの関根さん。普通には読みません。

たとえば『桃太郎』。

「昔、昔、あるところにおじいさんとおじいさんが住んでいました」と、最初の1行目からボケをかます。

当然、麻里さんは「おじいさんとおばあさんでしょ」とツッコミを入れます。するとお関根さんは「あっ、ごめんごめん」などと言いながら、今度は「川からドンブラコ、ドンブラコと流れてきたものを拾ってみると、なんと花咲かじいさんのお尻でした」とまたまたとんでもないボケを入れる。

「どうして桃太郎の話に花咲かじいさんが出てくるのよ！」と麻里さんがツッコむ。関根さんのボケは、その後も、桃から生まれた子の名前を、おじいさんが「ロドリゲスにしよう！」と言ったり、「桃子ちゃんにしよう！」と言ったりと延々と続く。

そのボケに対して、幼い麻里さんがいちいちツッコむという繰り返しがネバーエンディングで続くのです。

麻里さん曰く。

「とにかく、笑いが絶えない家庭でした」

そして、麻里さんは、そうしたボケへのツッコミを経験することで「自然とツッコミのコツを覚え、笑いのセンスが磨かれた」と、お父さんに感謝しているのです。

関根さんは、麻里さんへ**「ユーモアのセンス」の英才教育**をしていた……のかもしれません。

この「ユーモアのセンス」って、子どもの頃に身に付けておかないと、誰かの冗談で皆が笑っている時に「今の話って、どこが面白いの？」と真顔で聞くザンネンな大人になりかねません。

子どもが育つ過程で、「ユーモアを解する大人が、ひとりでも近くにいるかどうか」はとても重要なことだと思うのです。

ちなみに関根勤さんは、麻里さんが「理想の男性は高田純次さん」と言っているのを知った時、「オレの教育は間違っていなかった！」と喜んだそうです。

では、最後にもう一つ、麻里さんの子ども時代の思い出。

麻里さんがお父さんと「かくれんぼ」で遊んだ時のこと。

麻里さんが鬼になり、となりの部屋へお父さんを探しに行くと、なぜか関根さんは隠れもしないで部屋の中に平然と座っている。
それを見た麻里さん。
「えっ？」となっていると、関根さんはたったひと言、こうつぶやいたそうです。
「銅像です」
関根さん、最高！
こんなお父さんに育てられたら、嫌でもユーモアがわかる大人に成長しますね。

第39夜

アガリまくった男を救ったひと言

お昼のトーク番組でお馴染みのタレント、小堺一機《こさかいかずき》さん。

ご存じのように彼は、いわゆる「欽ちゃんファミリー」の出身。

欽ちゃんこと萩本欽一《はぎもときんいち》さんのバラエティ番組から頭角を現わした人たちのひとりです。

これは、そんな小堺さんが80年代の大人気番組『欽ちゃんのどこまでやるの！』（＝『欽どこ』）のレギュラーになった初回の収録の時の話。

小堺さんの役は、欽ちゃんの家にやってくるセールスマン。

職人が丹精込めて作ったやかんを売りにくるという設定です。

小堺さんの登場シーンの直前。欽ちゃんがドッカンドッカンお客を笑わせます（『欽どこ』はお客さんをスタジオに入れたホームドラマ風コント番組でした）。

その熱気と雰囲気にすっかり飲まれた小堺さん。

もう緊張でガチガチになってしまった。

そのまま舞台へ出ていったものの、セリフはおぼつかないし、やかんを持つ手はガタガタ震えるしと、もうボロボロ。

緊張はお客にも伝わってしまい、客席はシーンとなる……。

「どうやって楽屋にもどってきたかもわからない」というほどの散々なデキです。

楽屋にもどった小堺さん。

「もうオシマイだ……。せっかくの初レギュラーも水の泡だ」と落ち込みます。

そのまま帰ってしまいたいのをグッとこらえ、楽屋で謝ろうと思って欽ちゃんが本番を終えるのを待っていました。

そこへもどってきた欽ちゃん。怒鳴られる覚悟で神妙な顔つきの小堺さんへ言います。

「なんで、お前、アガっちゃうんだ。あんなに！」

「すみません」

と謝る小堺さん。

そのあと、欽ちゃんが続けて言ったひと言が、落ち込む小堺さんを救いました。


「オレ、アガらないヤツは嫌いだからさ」


この言葉を聞いた小堺さんは、心の中で号泣したそうです。

その後、小堺さんは、同番組での関根勤さんとの掛け合いがウケて、人気者になっていったのですね。

もし初出演の時、欽ちゃんのひと言が無ければ、小堺さんはこの最初の失敗で挫折し、トーク番組のMCにまでなることは無かったかもしれません。

たったひと言が人の心を救い、その後のその人の人生の支えになることがあります。

考えてもみてください。

欽ちゃんが小堺さんへ言った言葉は、時間にすればわずか1秒。

その「たった1秒の言葉」に、落ち込んだ小堺さんの心を救い、その後の人生を変えるほどの力があるのです。

なんだか、すごいことだと思いませんか。

逆に言えば、たった1秒の言葉が、相手の心をズタズタにし、長年の友情を終わらせてしまうこともある……。

一度口から出してしまった言葉は、どんなに後悔しても、もう回収できません。

ここ一番の場面での発言は、よほどの注意が必要と心得ましょう。

明日から少しだけ、**「言葉」のすごいパワー**を感じながらしゃべってみてください。

あなたとまわりの人との関係が、よりよいものに変わるはずです。

では、最後にもう一つ小堺さんのエピソード。

司会を務めるトーク番組でゲストのトークがすべって、お客さんがシーンとしてしまった時、小堺さんが発したひと言。

「東京にも、こんな静かなところがあったんですね」

このひと言で、お客さんは大爆笑。すべったゲストは救われたのでした。

明日、誰かに話したくなる章

しみじみ、「人とのつながり」を感じる話

第40夜

短冊にこめられた思い

7月の七夕《たなばた》の頃。
デパートやショッピングモールの一角などで、七夕飾りを目にします。
色とりどりの飾りがほどこされた笹竹に、短冊《たんざく》が付けられたあれです。
かたわらには「あなたも願いを書いて飾ってください」と短冊が置いてあることも。
あの短冊。読んでみると、人々の率直な願いが詰まっていて実にオモシロイ。
私が実際に見た「短冊に書かれた願い」を、ツッコミと共にどうぞ。

「コックになれますように」
書いたのは小学生。将来の夢ですね。可愛いです。

「しょうらい、ウルトラスペシャル」

5歳の願い。なんのこっちゃ!

「お金がひゃく万えんほしい」

小3。「金」と「万」は漢字を習ったけど、「百」と「円」はまだ習ってないのかな?

「パパとママがなかなおりしますように」

小学生の切なる願い。子どもにこんなことを短冊に書かせてはイケマセン。

「字がきれいになりますように」

というお願いをするだけあって、すごく子どもらしいワイルドな字で書かれていました。

「妻と和解」

まさか、「パパとママがなかなおりしますように」と書いた子の父親では?

「今年も、族のみんなが元気でいますように」

暴走族のヘッドのようなこの願い。書いたのは小学3年生。「家族」の「家」が抜けただけでしたか……。

さて。

最後に一つ、私が今までで一番感動した、「短冊に書かれた願いごと」の話。

それは、エッセイストで俳人の故・江國滋《えくにしげる》さんが、国立がんセンターの院内にあった七夕飾りに付けられた短冊に書かれているのを見つけたものです。

この時の江國氏は、がんを患《わずら》って、がんセンターで闘病していました。

そんな時、その短冊に書かれた「願いごと」を見て、胸が熱くなり、そして、大いに励まされたのです。

文字からすると、たぶん小学生くらいの男の子が書いたと思われるその短冊。

その短冊には、とても元気のよい文字で、こんな「願い」が書かれていたのです。

「みぃーんな　完治しますように！！！」

この「願い」を書いた子も、小児がんを患っているはず。
それなのに、自分のことだけでなく、「みんなの完治」をお願いした。
しかも、最後にびっくりマークを三つも付けて！
この「願い」を書いた子が、完治したことを願います。

七夕や　たった一つの　願いごと（江國滋）

第41夜　「野球、観られなくてごめんね」

これからお話しするのは、インターネット上で「泣ける話」として紹介されているお話です。


子どもがまだ幼い頃に、父親が亡くなった母子家庭。

母親は小さな個人商店で働いて、女手一つで息子を育てていました。

当然のごとく家は貧乏で、息子は小学生の遊びざかりでしたが、遊園地や動物園などに連れていくこともできず、母親は内心そのことをすまなく思っていたのです。

そんなある日のこと。

母親は勤め先で、プロ野球の観戦チケットを2枚もらいます。

プロ野球選手が「子どもたちのあこがれの職業」で断トツのナンバーワンだった時

代です。

母親にチケットを見せられた息子は大喜びします。

当日。2人は精一杯のおしゃれをして、いつもよりも少し豪華なお弁当を持って球場へ行きました。

しかし、チケットを見せて中に入ろうとすると、係員に呼び止められてしまいます。

係員は、すまなさそうな顔をしながら2人にこう言ったのです。

「これは入場券ではなく優待券です。入場するには1人1000円のチケットを買ってください」


そうです……。

野球観戦をしたことがなかった母親は、入場チケットが割引になる優待券を入場券だと勘違いしていたのです。

いくら割引してもらっても、入場券を買うお金なんて持っていません。

しかたなく、2人は外のベンチでお弁当を食べて球場をあとにしました。

帰りの電車の中。

無言の母親に、「今日は楽しかったよ」と気をつかう息子。

母親はそんな息子の気づかいがよけいにつらく、「ごめんね。お母ちゃんがバカでごめんね。野球、観られなくてごめんね」と謝り、涙をこぼしたのです。


やがて月日は経ち、息子は社会人になり結婚。子どもも生まれました。

そんな頃、母親は病に倒れます。

亡くなる直前、一度だけ意識が戻った母親は、思い出したように息子にこう言ったのだそうです。

「野球、ごめんね」

息子は「楽しかったよ」と言おうとしました。

でも、涙で声は出ませんでした。


心に響く話です。

親子のささやかな夢を奪ったのが、ちょっとした勘違いだというのが哀しい。

実はこの話、インターネット上では実話として紹介されていますが、同じシチュエーションの話が弘兼憲史《ひろかねけんし》さんの短編漫画にあり、そこから発想された作り話ではないかとも言われています。

でも……、これが実話でも、作り話でも、この話に描かれている「親子愛」が、お互いがお互いを気づかう「愛の本質」を描いているから、心が揺さぶられるのでしょう。

もしこのお話が作り話で、私が作者なら、きっと、見知らぬ紳士が気まぐれに親子をBOX席に誘ってくれて、2人が夢のような一夜を過ごす……という幸せな話にしたいと思います。

第42夜

ある「ちょっとしたウソ」の話

これは、ある人がついた「ちょっとしたウソ」の話。

作家の向谷匡史《むかいだにまさし》さんの『成功する人だけが知っている「ウソの技術」』という本で紹介されている実話です。

建設の下請け会社に勤めている定年間近の係長。

はっきり言って会社にとっては「いるのか、いないのか、わからない存在」。

女性社員からも内心でバカにされているような人で、送別会も行なわれず、あと数日で会社を定年退職……という状態でした。

同じ会社に勤める、若手営業マンの山本君（仮名）。

会社近くの繁華街で、そんな万年係長とバッタリ会ってしまいます。

係長「よう、これからどこへ？」

山本君「アパートに帰ります」

係長「そう。じゃ、ちょっとそこいらで一杯やろうよ」

内心、「しまった」と思う山本君。

しかし、一度「帰る」と言ってしまった手前、今さら他に用事があるとも言えず、しかたなく一緒に焼き鳥屋へ向かうことに。

飲みはじめた係長の口からは、「社長のワンマンぶり」「給料の安さ」「部下たちの自分を見下した態度」など、会社への不満が愚痴となってあふれ出てきたそうです。

それを聞きながら、山本君は驚きを隠せませんでした。

会社では何一つ不満を言ったこともないのに、こんなにも胸にためた思いがあったとは……。

係長は最後に、「山本君、君もこんな会社に入ってきて気の毒だね。私のようにならないうちに、早く転職先を見つけたほうがいいよ」とアドバイスします。

その言葉に対して、山本君は、こんなことを言ったのです。

「でも、この会社に入ったおかげで、係長とお会いすることができました。会社に感謝しています」

山本君は、なぜこの時に、それほど係長と親しかったわけでもない自分が、そんなことを口走ったのか、あとから考えてもよくわからないと言っています。でも、その場の雰囲気からか、つい、リップサービスでそんな心にも無いことを言った……。

その山本君の言葉を聞いた係長。

泣いたそうです。

係長は目を涙でいっぱいにして、言葉を詰まらせながら山本君に言います。

「ありがとう。

君のその言葉で、私の会社人生は幸せだったと思う。

不満もたくさんあるけど、この会社に勤めてよかった……。本当によかった」


そして、山本君の手を両手で握ったのです。

山本君が係長に言った言葉は、ただの「小さなウソ」です。

しかし、ほんの小さなウソが、不平不満を押し殺して生きてきた、ひとりの人間の40年間を救ったのです。


よく「ウソはいけない」と言われます。

しかし、こんな「**人を救うすばらしいウソ**」もあるのです。

第43夜

優しさの分かれ目

在りし日の手塚治虫が、娘に「鉄腕アトムのこと好き?」と質問した時のこと。
その質問に対して、まだ幼かった娘さんはこう答えたそうです。

「うん、好き。優しいから」

この答えに手塚治虫は思わずうなりました。
アトムは、悪いロボットをやっつける正義の味方。
それなのに娘は、「強いから」ではなく「優しいから」好きだという。
作者自身も忘れていたアトムの一番の魅力を、娘さんに教えてもらったのでした。

「優しさ」って、なんでしょう?

「気くばり」や「観察力」についての著作が何冊もある、新産業開発研究所所長の坂《さか》戸《と》健司《けんじ》氏は、「優しさ」を次のように定義しています。

優しさとは、**「弱いものの気持ちがわかること」**。

まさに、「優しさ」の本質をとらえた定義ですね。

この坂戸さんが「相手の立場でものを考えるきっかけ」になったのは、20代で若手グラフィックデザイナーだった頃に言われた「上司のひと言」だったそうです。

ある時、若き日の坂戸さんは「急ぎの仕事」で業者さんへ電話をしていました。

当時はまだパソコンやプリンターは普及していません。

広告のデザインなどは、デザイナーがイメージを紙に描き、文字の大きさや書体を指定して、それをもとに活字を打つ(=写植)専門の業者が紙面を作っていくという分担作業で作成していました。

坂戸さんの電話は、写植打ちの業者さんへ仕事の依頼です。

電話を終えると、その話しぶりを横で聞いていた上司が、坂戸さんにこう言います。

「相手の都合を聞いたか？　坂戸くん！　向こうの都合を聞かないで、『取りにきてください。急ぎです』などと言ってはいけない！　我々はそんなエラそうな立場ではない。僕たちは写植文字の1文字だって打てない。やってくれるのは、写植屋さんや印刷所さんだ。今すぐ電話して『届けに行きます』と言いなさい」

この言葉で、坂戸さんは「いつの間にか傲慢《ごうまん》になっていた自分」にハッとします。

決して、業者さんを下に見ているつもりはありませんでした。

その時も、急いで仕事を仕上げたかっただけのこと。

しかし、「こちらの都合だけでなく、相手の都合も考えるのが気づかいであり、仕事というものだ」と気付かされたのです。

考えてみれば、言われた業者さんは、もっと急ぎの仕事を抱えているかもしれない。

それを想像し、「こちらにいらしていただく時間はありますか？　難しければ届けにうかがいますが」と言えるかどうかが、**「優しさの分かれ目」**なのです。

坂戸氏は、「気くばり」の専門家となった今も、ときおり、30年以上前のこの上司の言葉を思い出し、「人にものを頼む時は、まず相手の都合を聞け」と自分に言い聞かせているそうです。


坂戸さんの先輩の言葉、耳にイタイ。

余裕がある時は、誰でも相手のことを気づかえます。

でも、時間がない時にには、つい相手の都合を考えない態度を取ってしまいがち。

私は、さっきの坂戸さんの定義に、ひと言加えて、人生の戒めにしたいと思います。

優しさとは、「**忙しい時でも**弱いものの気持ちがわかること」。

第44夜

言えなかったお礼

最近は、キャラ弁とかデコ弁などと、凝りに凝ったお弁当を作り、それをブログやフェイスブックなどにアップする人がいます。

毎日あんなお弁当だったら、子どももフタを開ける瞬間が楽しみでしょうね。

私が子どもの頃のお弁当と言えば、キャラ弁のような凝ったお弁当は皆無。

おかずはタコさんウインナーや厚焼きたまご、ハンバーグなどが定番でした。

お金持ちの子が豪華なおかずのお弁当を見せびらかすように食べたり、その子とおかずの交換をしたりと、何かのイベントでお弁当の時には、給食とはまたひと味違った楽しみがあったものです。

さて。今夜は、そんな子どものお弁当に関する話。

脚本家の故・向田邦子《むこうだくにこ》さんが小学生だった頃の思い出です。

向田さんが小学4年生の時、一家は鹿児島へ引っ越しました。

新しい小学校で、となりの席になった女の子。

その子のお弁当のおかずは、毎日、茶色い漬物だけだったのだそうです。

恥ずかしいのか、その子はいつも弁当箱のフタを半分かぶせ、中身を隠すようにして食べていました。

転校して何日かしたある日のこと。

偶然、その子のお弁当の漬物をひと切れもらった向田さんは、そのおいしさに感動します。そして、「おいしい!」を連発しました。

すると、向田さんが感激する様子を見ていたその子が、こんなことを言い出したのです。

「帰りにうちへこない? うんとご馳走してあげる」

自分の家への帰り道とは反対だったのですが、漬物の魅力に負けた向田さんは、その子の家へ寄ることにしました。

行ってみると、その子の家は、昔、商いをしていたお宅が今はもう店じまいをしてしまったような造りをした、とても小さな家でした。

家の前では、その子の弟妹たちが4、5人遊んでいて「お姉ちゃん」などと話しかけてきます。

玄関に鍵がかかっていないことに驚く向田さん。

でも、中に入るとその理由はすぐにわかりました。

部屋には、ちゃぶ台が一つあるだけで、家具は他には何一つなかったのです。

その子は、向田さんの手をひっぱって台所に行くと、床の上げ板を開けます。

床下の黒っぽいカメに、彼女が手をかけたその瞬間、突然、2人の頭の上から怒鳴り声が響きました。

「何してるの！」

それは、いつの間にか帰っていた彼女の母親でした。

たぶん、彼女が台所でいたずらをしているとでも思ったのでしょう。

怒鳴られたその子は、向田さんが驚くほど大きな声で母に言います。

「東京からきた転校生の子が、これをおいしいと言うから連れてきた！」

それだけ言うと、声をあげて泣き出したのです。

居たたまれなくなった向田さんが帰ろうとすると、その母親は向田さんの襟首をつかむようにして、ちゃぶ台の前に座らせます。

そして、ドンブリいっぱいにその漬物をご馳走してくれたのだそうです。

引け目を感じながら食べていたお弁当のおかずを向田さんに絶賛されて、嬉しくなってしまった女の子の気持ち。普段、自分の娘がいろいろなことを我慢していることを察していたであろう母親の気持ち。

そんなことを感じさせてくれる、向田さんのせつない思い出です。

その後、成人した向田さんが、再び鹿児島のその地を訪れたのは、それから38年後、ささやかな同窓会が開かれた時のこと。

あの日の漬物のお礼を言いたかった向田さんでしたが、その子は、その後、消息がわからず残念ながら欠席。

「漬物のお礼」は言えずじまいのままになったそうです。

第45夜 人形を抱いたお客様

30ページのお話にもご登場いただいた、ANAでVIP専用機のCAを長年務めた経験を持つ里岡美津奈さんの体験談です。

ある日のフライトの離陸前のこと。

飛行機が離陸する時には、お客様の全員がシートベルトを締めたことを確認する必要があるのですが、その日はなかなか「全員、シートベルト着用済み」の連絡が入りません。

チーフパーサーだった里岡さんが客席に行ってみると、CAが困り顔で報告してきました。

「ご夫婦のお客様なのですが、奥様が大きな可愛らしい人形をしっかりと胸に抱いていて、いくら言っても離してくれず、その人形ごとシートベルトをしてしまっているんです。これでは『安全確認』の報告が出せません」

話を聞いた里岡さん。そのお客様の席まで行くと、しゃがんで奥さんと同じ視線の高さにして、彼女の目を見ながらこう言ったのです。

「お客様のお子様は、おとなりの空席に座らせてあげて、お子様にもシートベルトをかけてあげましょう。お母様はそのままご自身でベルトをなさってくださいね」

その言葉を聞いた奥さん。

「わかりました」と答えると、素直にとなりの席に人形を置いたそうです。

こうして、人形にもお客様にもシートベルトを着用していただき、飛行機は無事に離陸することができたのでした。

後日。

里岡さんは、人形を抱いていた奥さんのご主人から、丁寧な手紙をもらいます。

その手紙にはこんなことが書かれていました。

「家内は以前に子どもを亡くし、それ以来、あの人形を片時も離さなくなりました。外出の時も、一緒でないと出歩けなくなってしまったのです。

あの日、あなたに『お人形』ではなく『お子様』と言っていただいて、家内は嬉しかったようです。『お母様』と呼ばれたのもすごく嬉しかったようで、あれ以来、少しずつ落ちついてきて、最近は人形を置いて外出することができるようになりました。

本当にありがとうございました」


里岡さんが、「お子様にもシートベルトをかけてあげましょう」と言ったのは、ちょっとした機転だったと思います。

まさか、そんな事情があるとは考えつかなかったものの、人形を抱く奥さんのただならぬ様子から、何か「強い思い」を感じ取ったのです。


よく、つまらないことに意地を張る人っていますよね。

でも、その人にとっては、それはぜんぜん「つまらないこと」ではなくて、やむにやまれぬ事情から、しかたなく意地を張っているのかもしれない。

人には誰にでも、他人にはうかがい知ることができない事情があるものです。

その事情はわからなくても、その人の意地を許容してあげる心の広さは持っていたい……。

里岡さんは、このお客様の一件についてこう言っています。

「お客様のデリケートな心に寄り添うことで、ずっとかたくなだった心もほどけることがあることを、私も学びました」

相手の心に寄り添うと、かたくなな心をほどくことがある。

覚えておきたい言葉ですね。

第46夜

愛しのメリー

今夜のお話は、私が大好きだった彼女の思い出です。

彼女の名前は、メリーと言いました。

メリーとの出会いは小学校5年生の時。

その頃、私の父親は、今のJR、当時の国鉄の職員で、福島県の郡山市《こおりやま》に単身赴任し、国鉄職員用の官舎《かんしゃ》に住んでいました。

夏休みなど、学校が長期の休みになると、私と母親は赴任先へ行っていたのです。

メリーはそのおとなりさんの家族。

彼女は、私のことが好きだったらしく、毎日のように遊びにきてくれました。

私もメリーが大好きで、一緒にいると何も話をしなくても満足だったのです。

クリッとしていて澄んだ瞳。そして、高い鼻。
大好物はちくわ。
全身の毛の色はクリーム色。
そう、メリーはとても可愛い雑種犬でした。

メリーは本当に賢かった。
いつも玄関に入ってきて、三和土《たたき》にチョコナンと座ります。
私が手を出すと「お手」なんて言わなくてもお手をする。
手を出しているかぎり、エンドレスでお手を繰り返します。
一度だけ、メリーがお手をする瞬間に手をサッとどけたことがあります。
メリーの手（足？）は、カラ振り。
「何するのよ」という感じで私の顔を見るメリー。
私は罪の意識にさいなまれ、いつもより多めにちくわをあげたのでした。

普段、ちくわは小さくちぎって、空中に投げてあげていました。

私が投げるちくわを、メリーはパクッという感じで飛びついて直接食べるのです。

まるでフリスビー犬。

ある日、またまた、いたずら心を起こした私は、ちぎったちくわを宙に投げるフリをしたことがあります。

ちくわを眼で追うメリー。

「何よ、投げてないじゃない」という感じで私を見る。

またまた罪の意識にさいなまれた私は、残りのちくわをいっぺんにあげたのでした。


メリーとの別れは突然でした。


父親が福島での単身赴任を終えたのです。

最後の日。たしか冬休みの終わりで、私が東京に帰るという日。

その日はちくわを一袋いっぺんにあげました。

メリーにちくわをあげるのは、これが最後になるんだと思いながら。

そして、荷物を持って駅に向かう私たち。

メリーはそのあとをトコトコと追ってきました。

いつも、東京に帰る日でも、あとを追ってくることなんてなかったのに。

「最後だってわかるんだね」と母親。

私は泣きそうになるのを我慢して、追ってくるメリーに、

「バイバイ。またね。もうおウチに帰りな」

と言いました。

本当に言葉がわかるのでしょう。

メリーはもう追いかけてくるのをやめて、その場に座ったまま、去っていく私たちを見送ってくれました。

道にたたずむメリーの姿がだんだん小さくなっていきました。

それがメリーとのお別れです。二度と会うことはありませんでした。

それだけの話です。私は今も似た犬を見かけると、メリーのことを思い出して、少しせつなくなるのです。

第47夜 「生かされた命」の使い方

ジャズシンガーの綾戸《あやど》智恵《ちえ》さんは、かつて、4歳の息子さんの「不思議な予言」によって命拾いしたことがあるそうです。

1995年のその日。

綾戸さんは神戸市内の、ある社長さんの自宅パーティーに招かれていました。

本当はその日、その社長のお宅に泊まる予定だったのですが、一緒にいた4歳の長男がとんでもないことを言い出したのです。

「泊まるのは嫌だ。ペチャンコになるから帰る。ママが血だらけになる!」

しかたなく、自宅がある大阪の北野へ戻った綾戸さん。

家に帰ると、同居している母が寝室ではなく居間のコタツで寝てしまっている。

それで、綾戸さんも長男も寝室に行かずにコタツで一緒に眠りについたのです。

翌日、1月17日の早朝、午前5時46分52秒。

巨大な地震が神戸を襲いました。

阪神・淡路大震災です。

コタツで眠っていた綾戸さん一家は、落下物から守られて奇跡的に無事でした。

綾戸さんは言います。

「寝室にいたら危なかった」

さらに、前日の夜、泊まる予定にしていた社長宅は全壊。

長男の「ここに泊まるとペチャンコになる。ママが血だらけになる」という不吉な言葉が現実になるところだったのです。


震災の恐怖を、身をもって経験した綾戸さんは、病院をまわるボランティアのライブをずっと続けています。

そのライブで綾戸さんは、お客さんにこんなことを言っているのです。

「骨折したことのある人のほうが、健康や命のありがたみがわかる。痛い目に遭うた人しか、優しくなられへんのや。復興も同じ。痛みをバネにするしかないねん！」

綾戸さんが、東日本大震災の直後に宮城でコンサートを行なった時のこと。満員のお客さんに感動した綾戸さんは、照れ隠しもあって、お客さんへ得意の毒舌で言います。

「おたくら、家建てるのが先なのに、こんなとこきてよろしいのか？」

そうしたら。

お客さんからこんな言葉が返ってきたのです。

「家を建てる前に、心を立てないと！　歌ってちょうだい！」

この言葉を聞いた綾戸さんはこう言っています。

「ガーンときたね。（それまで）私にとって『歌』は『食いぶち』だった。けど、**あの時に『夢』になった**」

「痛みを伴った人に喜んでもらうのが私の歌や」

「もう歌のできばえなんて、どうでもええ。慈善事業じゃないけど、人が喜んでくれてお駄賃をもらえる。それで十分や」

「あの日」、偶然助かった命を、今、綾戸さんはたくさんの人たちのために使っているのです。

第48夜

「ボクのパパは死んだ」

イギリスでは、家族がそろって夕食をとるのが当たり前なのだそうです。

仕事で忙しい父親も、友達付き合いがある子どもたちも、家族で決めた夕食時間には一度帰宅して、一緒に食事をし、そのあとでまた外出するのだとか。

そうやって家族の絆を強くして、子どもが大学生になる頃には「対等な大人同士」という関係を築いていくのがイギリス流の子育て。

とは言え、イギリスでも、仕事に忙しい父親と、その子どもの間に「心のみぞ」ができてしまうこともある……というお話。

イギリス人のハリー君（仮名）は10歳。

彼のお父さんはロンドンの大型スーパーのマネージャーをしていて、いつも仕事に追われていました。

ハリー君は少年サッカーをやっていましたが、多忙な父は日曜日に仕事に行くことも多く、一度も試合を観にきてはくれませんでした。

試合観戦にきてくれるのはいつも母親だけ。

チームメイトのお父さんは皆、応援にきてくれているのに……。

ハリー君はそれが寂しくて、チームの仲間にはこう言ってウソをついていました。

「ボクのパパは死んだ」

ところが。

ある日ハリー君は、試合でゴールを決めた瞬間、自分の名前を呼ぶ大きな声に気が付きます。

その声は、仕事を抜け出して、応援にきてくれた彼の父親でした。

父親は満面の笑顔で、彼に手を振っていました。

「死んだ」と聞かされていたハリー君の父親の登場に、チームメイトたちは皆、驚いたのなんの……。

仕事を抜けてきたスーツ姿の父は、その場にいたどの父親よりも立派で、ハリー君は「パパは死んだ」とウソをついていた自分を恥ずかしく思ったのでした。


この、たった一度の出来事が、ハリー君の心の中にあった父への不信感を消します。

18歳になったハリー君は大学進学と同時に実家を出ました。

しかし、年に数回、実家に帰った時には、一緒にパブへ出かけたりして、父ととてもよい関係になったのです。

父親が購入しようとしているコテージの下見にも一緒に出かけました。

美しい田園のある小さな村のコテージをとても気に入った父は、ハリー君に、

「今度おまえが帰ってくる頃には、きっとこのコテージに引っ越しているだろう。その時は、必ずガーデンパーティーをやろう！」

と嬉しそうに語ったのでした。

しかし、そのわずか1カ月後。

父親は突然の病で亡くなってしまったのです。

ハリー君は、父が亡くなって初めて**「いつの間にか父親が、自分にとってかけがえのない友人になっていた」**ことに気が付いたのでした。


考えてみれば、「親子」という関係だって、この世の中で出会った「友達」みたいなもの。たまたま、血がつながっていて、たまたま、生まれて最初に出会ったというだけです。

そもそも、人は生まれる前に、空の上から「あの両親の間に生まれよう」と自分で選んで生まれてきているのです。

「この2人となら、いい友達（＝親子）になれそうだ」と、自分で選んでいる。

それなのに、それを忘れて、ちょっとしたことで「キライ」になってしまう。

どうか忘れないでください。

あなたにとって**両親は、この世で最初の友達**なのです。

第49夜
「家族になる」ということ

友人の深井武志さん（仮名）の話。

深井さんは子どもの頃から、キノコのなめこが好きだったそうです。

でも、子どもの頃は「なめこ」とうまく発音できなくて、なぜか「きんとこさん」と呼んでいたのですね。

結婚後、奥さんにその思い出話をしたら「可愛い」とバカウケ。以来、深井さんの家では、なめこのことを「きんとこさん」と呼ぶようになります。


ある晩のこと。

奥さんから「今日は『きんとこさん』のお味噌汁よ」と言われた時、深井さんは、その味噌汁を飲みながら、ふと思ったのだそうです。

「そうか……。赤の他人が夫婦になるって、こういうことなのか……」

なめこのことを「きんとこさん」と呼ぶ家庭は、かつては世界中を探しても、深井さんの実家だけでした。

それが今は、2軒になった。

新しい家庭が一つ誕生したということなのですね。

言うまでもなく、夫婦というのは出会った時は他人同士です。

それぞれが、それぞれの家庭で長年育ってきました。

その2人が新しい家庭を作り、それぞれの実家の文化をプラスして、新しい文化を作り上げていく。

そうやって、他人が他人でなくなっていく……。

さて。

次は、タレントの萩本欽一さんが参列した、あるお葬式の話。

そのお葬式。欽ちゃんの知り合いのお父さんのお葬式なのですが、行ってみるとなぜか泣いている人がいない。

何より、亡くなったお父さんの奥さん（＝知り合いのお母さん）が「あ、欽ちゃんきてくれたの？　ありがとね」なんて、とても明るい。


そのお葬式の帰り道、欽ちゃんは考えます。

「皆が葬式で泣くのは、亡くなった人に対して『ああしてあげればよかった』っていう後悔が残っているから。お父さんが亡くなって、奥さんがあんなに明るく振る舞えるのは、なんの後悔もないくらい、ずっと幸せだったからに違いない……」

そう感じた欽ちゃんは、後日、その知り合いに会った時にこう聞きます。

「お父さんが亡くなったのに、お母さん笑ってたじゃない。あれってもしかしたら、世界で一番幸せなお母さんだったんじゃない？　それほど、いいお父さんだったに違いないって思ったんだけど？」

すると、その知り合いの彼は、欽ちゃんにこんな話をしてくれたのだそうです。

「そうなんです。（お父さんが）病院で息を引き取ったあと、**オレのおふくろ、お父**

さんのおでこをポーンと叩いてこう言ったんです。『お父さん、ありがとね』。

オレ、すげー感動しちゃった。本当に幸せにしてもらった人は泣かないんだって初めて知りました」

この話を聞いた欽ちゃんは、「ああ、やっぱり」と、「明るい葬式」の理由に納得し、こう言っています。

「愛した人と別れるってことじゃなくて、一緒に過ごした人生に満足しましたって思って送り出せる。お別れじゃないんです。その人ともう会えないんじゃなくて、ずっと会ってるんだ……」

亡くなった相手のおでこをポーンと叩いて「ありがとね」って言えるって、これ以上無いほどの関係ですね。

たとえ血がつながっていなくても、これぞ「究極の人間関係」という気がします。

第50夜

人生はグレイシートレイン

人がタテに1列に並んで、前の人の肩に手を置いてつながり、ムカデのように進むことを、汽車にたとえて**「グレイシートレイン」**と言います。

ほら、かつてロンドンオリンピックで、女子サッカーのなでしこジャパンがアメリカチームに敗れて銀メダルに終わった時、この「グレイシートレイン」で表彰式の会場に現われたのを覚えていませんか？

惜しくも銀メダルに終わったチームとは思えない、その晴れやかな表情がとても印象的でしたよね。

私にとっては、あれが、ロンドンオリンピックのベストシーンでした。

人は、生きていく上で、必ず誰かに助けられています。

「そんなことはない」という人は、ただ単に気が付いていないだけで、それはもう、必ず全員が誰かの助けを借りて生きている。

そして。

その人もまた、誰かの助けになっている。

「私なんて、なんの存在価値もない」と思っている人は、勘違いをしているだけで、必ず誰かを助けながら生きている。

みんな、「持ちつ持たれつ」で助け合って生きているんです。

自分は、前の人の肩にすがってなんとか進んでいる……と思っている人が、ふと気が付くと、自分の肩に後ろの人の手がのっていて、その人は自分のことを頼りにして進んでいる……。

なんだか、人生って、この「グレイシートレイン」そのもののような気がするのです。

「歯車のような人生は嫌だ」と言う人がいます。

でも、考えてみてください。

歯車は、一つだけでは動くことはできません。

「自分と噛み合って、自分のことを動かしてくれる相手」がいて、初めて動くことができるのです。

そして、自分が動くことができれば、今度は別の歯車と噛み合って、一緒に動くことができる……。

誰かとつながっていなければ、1回転もできない。

歯車って、世の中の人と人とのつながりそのものです。


「恩送り」という言葉を前にも取り上げました。

これは、誰かに助けてもらったりして恩を感じたら、その恩を恩人へ返すのではなく、今度は自分が別の人を助けてあげるようにする。

つまり、**「恩」を順番に「次の人」へ「送って」いく**のです。

歯車が次の歯車を動かして、大きな機械が動くように、そうやって「恩を順送り」

にしていけば、世界だって動かすことができるかもしれません。
いや。
皆が「恩送り」をやったら、世界なんて簡単に動くはず。
人との出会い、そして、つながりが「すべてのよいこと」を運んでくる。
人生は、持ちつ持たれつの「グレイシートレイン」。
明日、誰かに、あなたの肩を貸しましょう。

人は、人と人のつながりの中で生きていく生き物である。（スピノザ　哲学者）

おわりに……あせらなくても、だいじょうぶ

最後まで読んでいただき、ありがとうございました。

50の物語、いかがでしたか？

よりよい明日へヒントになるものがありましたでしょうか？

漫画家・杉浦日向子さんの『百日紅《さるすべり》』という作品の中に、こんなセリフが出てきます。

「ろくな晩じゃやねぇや
寝ちまえ
寝ちまえ
寝て起きりゃ

別の日だ」


どんなに最悪な気分の夜でも、眠って起きれば、心はそれなりに「リセット」されるもの。

地球がまわっているかぎり、陽はまた昇る。

あせることはありません。

アニメの中で、一休さんも言っていました。

「あわてない、あわてない。ひと休み、ひと休み」


ひと休みする前のひととき。

この本の一つひとつのお話が、あなたの「明日へのリセット」のお手伝いになれば幸いです。

西沢泰生

主な参考文献

『エッセンシャル思考』グレッグ・マキューン著、『死ぬ気で働く営業マンだけがお客様に選ばれる』早川勝著（以上、かんき出版）／『「発見力」の磨き方　気が利く人になれば、人も情報も集まってくる』坂戸健司著、『伝説のトップCAが明かす　一流になれる人、なれない人の見分け方』里岡美津奈著（以上、PHP研究所）／『酒にまじわれば』なぎら健壱著、『無名仮名人名簿』向田邦子著、『名文どろぼう』竹内政明著（以上、文藝春秋）／『イギリス式小さな部屋からはじまる「夢」と「節約」』井形慶子著、『続・大人の流儀』伊集院静著（以上、講談社）／『笑芸人　しょの世界』高田文夫著（双葉社）／『フランス人は10着しか服を持たない』ジェニファー・L・スコット著（大和書房）／『いつだってごきげんよう』小堺一機著（扶桑社）／『上機嫌のわけ』関根麻里著（ワニブックス）／『本当はちがうんだ日記』穂村弘著（集英社）／『エクセレントな仕事人になれ！』トム・ピーターズ著（CCCメディアハウス）／『アメリカのめっちゃスゴい女性たち』町山智浩著（マガジンハウス）／『落語への招待』江國滋著（朝日新聞社）／『本気で言いたいことがある』さだまさし著（新潮社）／『声に出して笑える日本語』立川談四楼著（光文社）／

『ユーモアで行こう！』萩本欽一著（ＫＫロングセラーズ）／『成功する人だけが知っている「ウソの技術」』向谷匡史著（草思社）／『雑談力がアップする「ひと言」の魔法』水橋史希子著（ぱる出版）

本書は、本文庫のために書き下ろされたものです。

夜《よる》、眠《ねむ》る前《まえ》に読《よ》むと
心《こころ》が「ほっ」とする50の物語《ものがたり》

著　者　西沢泰生（にしざわ・やすお）

発行者　押鐘太陽

発行所　株式会社三笠書房

〒102-0072　東京都千代田区飯田橋3-3-1

https://www.mikasashobo.co.jp

印　刷　誠宏印刷

製　本　ナショナル製本

ISBN978-4-8379-6759-0　C0130

本書へのご意見やご感想、お問い合わせは、QR コード、
または下記 URL より弊社公式ウェブサイトまでお寄せください。
https://www.mikasashobo.co.jp/c/inquiry/index.html

王様文庫

王様文庫

神さまと前祝い

キャメレオン竹田

運気が爆上がりするアメイジングな方法とは？「よい結果になる」と確信して先に祝うだけで願いは次々叶う！ ☆前祝いは、六十八秒以上 ☆ストレスと無縁になる「前祝い味噌汁」……「特製・キラキラ王冠」シール＆おすすめ「パワースポット」つき！

ちょっと「敏感な人」が気持ちよく生きる本

苑田純子［著］
長沼睦雄［監修］

「何かと気になりやすい」「つい頑張りすぎる」……その繊細さ、上手に使ってみませんか。◎「心配事」が消える〝ちょっといいヒント〟 ◎大切にしたい「自分のペース」 ◎「繊細さ」が活きる場所はこんなにある……自分の心を少しずつ軽くする本！

いちいち気にしない心が手に入る本

内藤誼人

対人心理学のスペシャリストが教える「何があっても受け流せる」心理学。◎「マイナスの感情」をはびこらせない ◎〝胸を張る〟だけで、こんなに変わる ◎「自分だって捨てたもんじゃない」と思うコツ……etc.「心を変える」方法をマスターできる本！

K30546

王様文庫

気くばりがうまい人のものの言い方

山﨑武也

「ちょっとした言葉の違い」を人は敏感に感じとる。だから……　◎自分のことは「過小評価」、相手のことは「過大評価」　◎「ためになる話」に「ほっとする話」をブレンドする　◎「なるほど」と「さすが」の大きな役割　◎「ノーコメント」でさえ心の中がわかる

ちょっとだけ・こっそり・素早く「言い返す」技術

ゆうきゆう

仕事でプライベートで——無神経な言動を繰り返すあの人、この人に「そのひと言」で、人間関係がみるみるラクになる！　＊たちまち形勢が逆転する「絶妙な切り返し術」　＊キツい攻撃も「巧みにかわす」テクニック……人づきあいにはこの〝賢さ〟が必要です！

話し方で好かれる人　嫌われる人

野口　敏

「同じこと」を話しているのに好かれる人、嫌われる人——その差は、どこにあるのか。「また会いたい」と思われる人、なぜか引き立てられる人になるコツを、すぐに使えるフレーズ満載で紹介。だから、あの人ともっと話したくなる、「いいこと」がドシドシ運ばれてくる！

K30545